Roland Gnaiger **Schule in Warth**

Hatje 1993

Roland Gnaiger **Schule in Warth**

***Kunsthaus* Bregenz**
archiv kunst architektur
Werkdokumente

Inhalt

7
Roland Gnaiger **Plan**

13
Otto Kapfinger **Text**

26
Margherita Spiluttini **Foto**

57
Zu den Abbildungen

58
Biografien

Ein Panorama ist noch kein Zuhause
Hans Lebert

Roland Gnaiger

Plan

Schule mit Gemeindesaal in Warth in Vorarlberg
Architekt:
Mag. Arch. Roland Gnaiger
Mitarbeit:
Leonhard Danzer
Dipl. Ing. Gerhard Gruber
Elisabeth Zentner
Örtliche Bauaufsicht:
Baumeister Johann Dorner
Statik:
Dipl.-Ing. Christian Gantner
Planung:
1990/91
Bauzeit:
1991/92

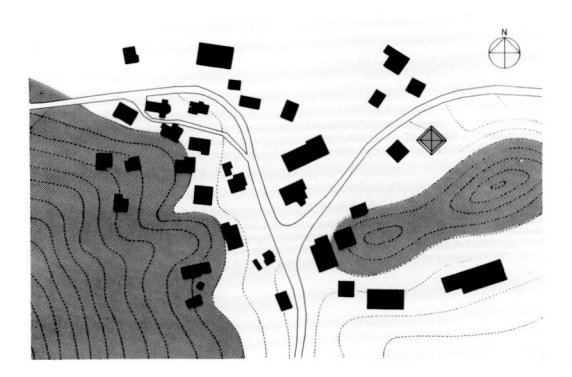

Lage

OG Klassen

EG Halle

Galerie

1. UG Saal

2. UG Foyer

Schnitt A

Schnitt B

Fassade Nord-West

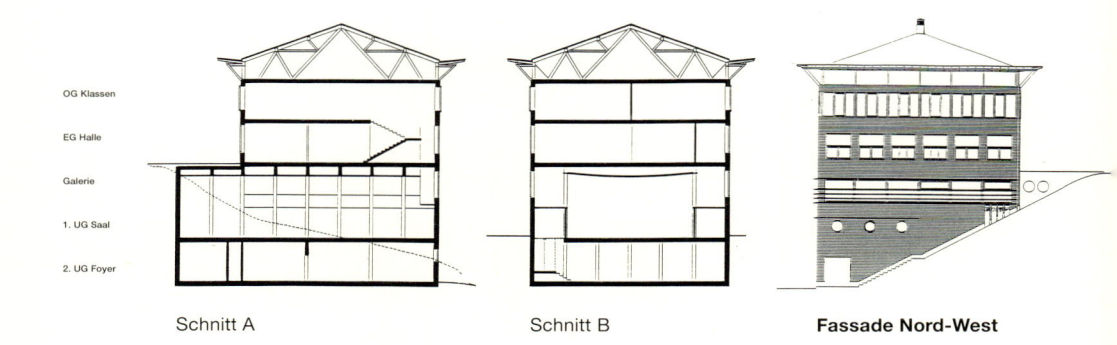

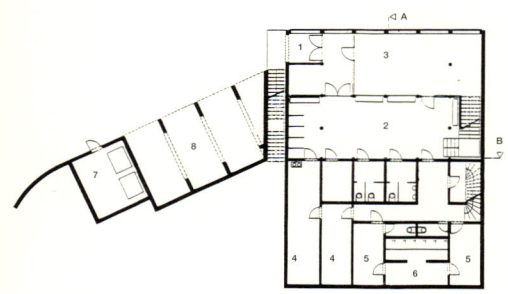

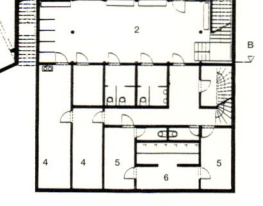

2. Untergeschoß

1 Eingang Gemeindesaal
2 Foyer
3 Werkraum
4 Technik, Heizung
5 Umkleideraum
6 Waschraum
7 Trafo
8 Einstellplätze PKW

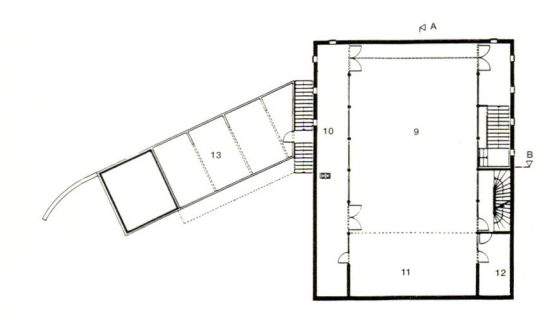

1. Untergeschoß

9 Turn- und Gemeindesaal
10 Geräteraum und Stuhllager
11 Mobile Bühne
12 Lehrergarderobe
13 Dachraum, Lager

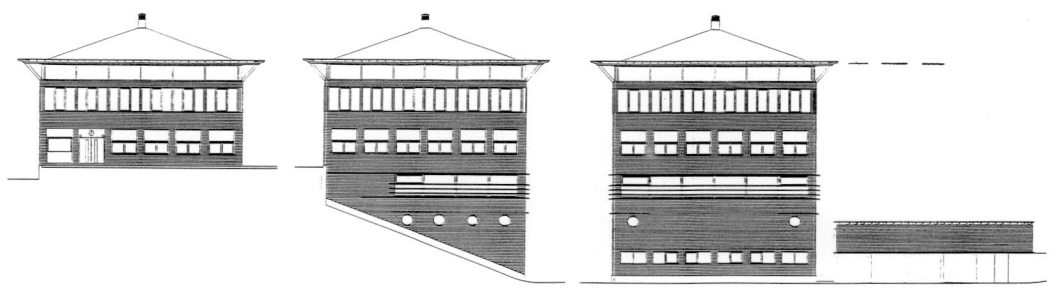

Fassade Süd-West **Fassade Süd-Ost** **Fassade Nord-Ost**

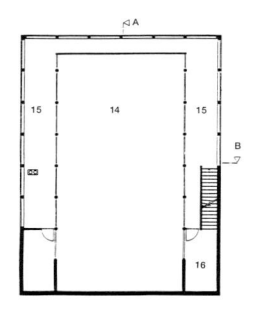

Zwischengeschoß, Galerieebene
14 Luftraum Saal
15 Galerie
16 Aufgang Schule

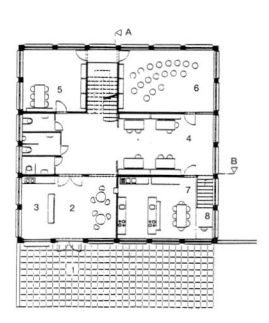

Erdgeschoß
1 Vorplatz, Eingang
2 Windfang
3 Garderobe
4 Pausenhalle
5 Lehrerzimmer
6 Musikzimmer
7 Schulküche
8 Abgang Turnsaal

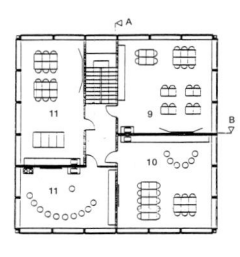

Obergeschoß
9 Hauptschulklasse
10 Volksschulklasse
11 Gruppenraum

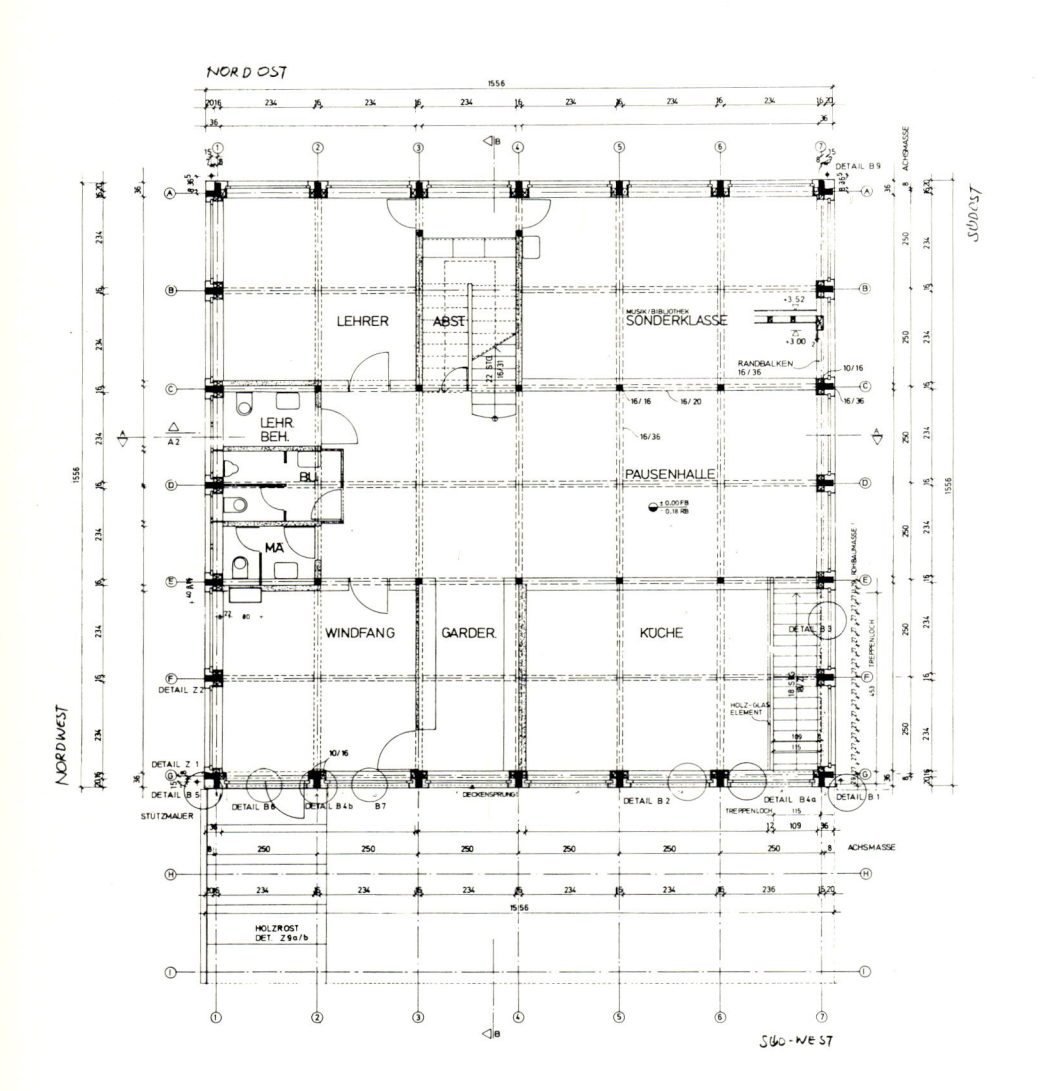

Erdgeschoß

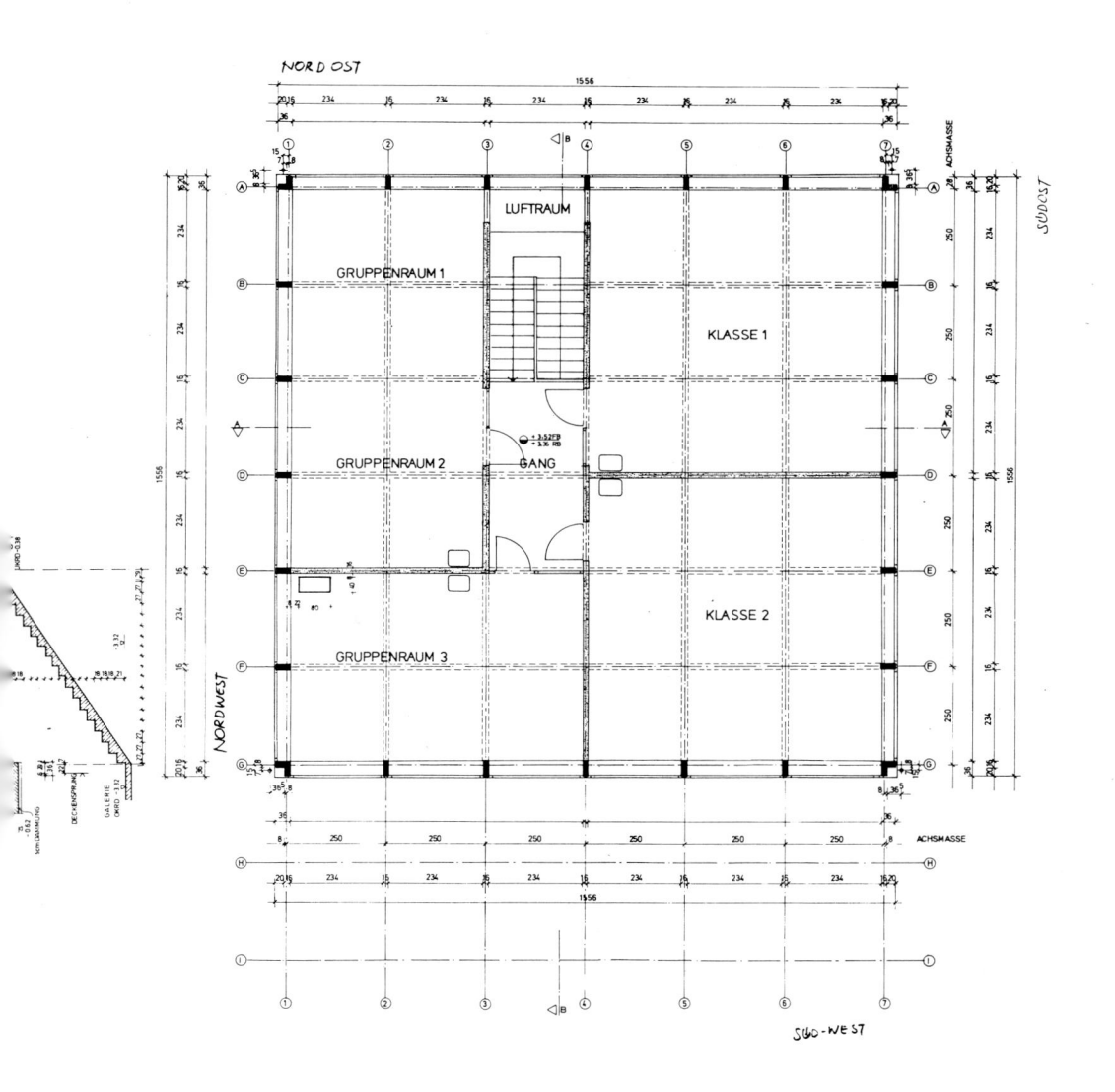

Obergeschoß

Das Gebäude ist nur dann ein Organismus, wenn Außen und Innen und beide mit dem Charakter und der Art seines Zwecks, seiner Herstellung, mit Ort und Zeit übereinstimmen. Dann wird es die Natur des Bauplatzes wie der Baumethoden zusammenfügen, und schließlich wird das Ganze – vom Boden bis zum First, vom Grund bis zur Silhouette – zweckgerecht werden.
Frank Lloyd Wright

Otto Kapfinger

Text

R. Menasse,
Das Land ohne
Eigenschaften,
Essay zur
österreichischen
Identität,
Wien 1992,
S. 100

Umfeld
Die alpinen Regionen bieten heute Modellbeispiele der großen kulturellen Umwälzungen. Ihre historische Fähigkeit zur Ausprägung spezifischer Kulturformen ist einerseits längst der Touristifizierung von Landschaft und Wirtschaft zum Opfer gefallen. Die profitable Transformation von Heimat in ein Ensemble von Kulissen, die menschenleer sind, wenn keine Fremden davor herumstehen, ist begleitet und verursacht durch die Preisgabe regionaler Identität zugunsten der Selbstdarstellung als Freizeit-Naturreservat und Folklore-Museum.

Über diesen schon vor Jahrzehnten eingeleiteten Prozeß legt die zweite industrielle Revolution nun eine weitere Schicht von Symptomen. Die Tendenz zur globalen elektronischen »Vernetzung« und die umfassende Beschleunigung der Bilder forcieren das Verschwinden des alten Raumbegriffes: Die telekommunikative Zerstreuung der Lebenszusammenhänge entkoppelt die Kontinuität von Ort und Erfahrung, nivelliert, radikaler noch als die Ära der Mechanisierung, alle Unterschiede von Nähe und Ferne.

Andererseits zeigt sich, daß gerade die alpinen Regionen vereinzelt sehr prägnante Formen des kreativen Widerstandes gegen die scheinbar naturwüchsige Automatik solcher Entwicklungen zu setzen vermögen. Dies gilt für das Feld der Literatur ebenso wie für Musik, bildende Kunst und Architektur; für letztere im besonderen, da hier – im Gegensatz etwa zur Malerei – die Konzeption des Werkes nach wie vor nicht von seinem spezifischen Platz zu isolieren ist. Erst in der nicht austauschbaren Interpretation von Ort und Topographie zum räumlichen Ereignis findet Baukunst ihre genuine Aussage. Für diese konkrete Auseinandersetzung um zeitgenössisches Bauen in den Alpen steht die Schule von Roland Gnaiger ihrer präzisen, ganzheitlichen Haltung wegen als ein Modellfall zur Diskussion.

Musikstunde
Sechzehn Kinder sitzen mit ihrem Lehrer im Kreis auf dem Klassenboden. Es ist Musikstunde, elf Uhr vormittags, Anfang März. Der Architekt aus Bregenz und der Autor aus Wien sind zu Besuch; sie wollen nicht stören, nur zuhören und sich ein wenig umsehen. Zehn Buben und sechs Mädchen im Volksschulalter üben gerade zusammen das Schneesturm-Konzert. Es beginnt mit leisem Wispern, geht über in Summen und Zischen, schwillt an und schwillt ab, steigert sich zum Brausen und Orgeln. Über die Dächer hinweg, die Hänge hinauf und hinunter fegen die Böen. Durch eine aufgerissene Tür pfeift und wirbelt es plötzlich ohrenbetäubend bis in die Stube.

Ein Wink des Lehrers – die Tür schlägt zu. Das Heulen läßt nach, wird schwächer, ferner, verebbt. Mit verteilten Rollen mehrmals stimmlich durchgespielt, wird das Ganze zum Schluß instrumental übersetzt. Siebzehn Flöten klingen im Crescendo der Windmusik...

Die Tonarten des Schneesturmes sind diesen Kindern wohlvertraut. Sie leben im höchstgelegenen und schneereichsten Dorf von Vorarlberg. Es ist ihr erstes Schuljahr in der neuen Schule. Sie sitzen hier in einem hellen Raum von klaren Proportionen auf einem gewachsten Lärchenholzboden. Die großen, über Eck gezogenen Fensteröffnungen umrahmen bizarre Konturen winterlicher Bergwelt. Das Panorama der im Sonnenlicht glitzernden Hänge und Gipfel erfüllt den Innenraum. Es überflutet ihn aber nicht völlig. Denn der Rhythmus der Fensterteilungen schafft optische Distanz, und die Brüstungen sind mit Bedacht auf das Blickfeld der Kinder zwar merklich niedriger als gewohnt, doch hoch und tief genug, um das Innen vom Außen hinreichend abzugrenzen. Die Dominanz der Aussicht wird zudem noch dadurch gebrochen, daß der Raum sich teilweise auch dem Durchblick ins Innere des Gebäudes, zu den Nachbarräumen hin öffnet.

In diesem Musik- und Bibliothekszimmer herrscht ein subtiles Gleichgewicht zwischen Durchsichtigkeit und Abschirmung, zwischen der rein optischen Dramatik und Weite des Ausblicks und der taktilen, körperlichen Palette der Innenraumerfahrung. Es ist ein sehr visueller Raum und ein sehr berührbarer Raum zugleich. Diese besondere Balance zwischen Offenheit und Geborgenheit, zwischen Abstraktheit und Konkretheit prägt nicht nur diesen ersten Raumeindruck, sie ist, wie wir sehen werden, für den gesamten Charakter der Schule in Warth bestimmend.

Geschichte
Die Dorfgemeinde Warth liegt im Dreiländereck von Vorarlberg, Tirol und Bayern. Der Hochtannbergpaß verbindet hier das Tal der Bregenzer Ache mit dem Lechtal und bildet in 1700 Meter Höhe eine Europäische Hauptwasserscheide. Seit dem 14. Jahrhundert lebten da die ursprünglich aus dem Kanton Wallis eingewanderten Bergbauern in größter Anspruchslosigkeit. Die windoffene Lage an der Baumgrenze erlaubte weder Obstbau noch Ackerbau. Außer gelegentlichem Nebenverdienst als Saumtiertreiber über die Pässe der alten Salzstraßen bot die auf die Steilheit des Geländes und die kurze, schneefreie Jahreszeit abgestimmte Viehwirtschaft die einzige Existenzbasis.

Da die Lawinenhänge rundum und die extremen Schneemengen im Winter – und das heißt hier mehr als die Hälfte des Jahres – die Zufahrt sehr erschwerten, konnte das Gebiet erst relativ spät für den Fremdenverkehr erschlossen werden. In dieser Hinsicht schuf der Ausbau der Hochtannbergstraße im Jahr 1953 die entscheidende Grundlage. Eine wintersichere Verbindung zum Bregenzerwald ermöglichten aber erst die umfangreichen Lawinenschutzbauten in den sechziger Jahren.

[1] Bildunterschrift aus: 60 Jahre Skiclub Warth, Jubiläumsschrift 1989
[2] Erinnerung aus Roland Gnaigers Kindheit

Von da an führte die landschaftliche Schönheit und Exponiertheit dieser Bergwelt zum raschen Aufschwung des Wintersporttourismus. Seit 1960 entstand ein Dutzend neuer Hotelbauten, stieg das Beherbergungsangebot von 250 auf 2500 Betten an, wurden etliche Schilifte in Höhen über 2000 Meter hochgezogen, entstand eine attraktive »Ski-Arena«. Aus dem verträumten Walserdorf[1] in gottverlassener Gegend[2] verwandelte der Ort sich so in sehr kurzer Zeit zum europaweit bekannten Schizentrum.

Diese Entwicklung brachte nicht nur Vorteile. Die rund 180 Einheimischen bilden heute die Hälfte des Jahres gegenüber den jeweils rund 2000 Gästen die dienstbare Minderheit. Konfrontiert mit der knallbunten und spendierfreudigen, erlebnishungrigen Freizeitwelt der »Fremden« hat das ohnehin karge soziale und kulturelle Leben der in der Erwachsenengeneration noch dem Bergbauernmilieu entstammenden Familien keinen Platz mehr, keinen Raum, keinen Stellenwert. Anders als die klassischen Wintersportorte am benachbarten Arlberg kann der Hochtannberg auch auf keine »gewachsene« touristische Kultur und Tradition verweisen. In diesem Kontrast der Lebenssphären spielte und spielt die schulische Betreuung der Kinder eine Schlüsselrolle.

Die alte Volksschule befand sich in dem 1941 errichteten Gemeindehaus am Nordostende des Ortes. Auf den harten Bänken der kleinen Stube fanden mangels anderer Räume auch die Versammlungen der Gemeindevertretung statt. Die nächste Hauptschule – in Au im Bregenzerwald – lag über zwanzig Kilometer entfernt. Wegen der Distanz und der geschilderten Unwegsamkeit mußten die Schulkinder ab zehn Jahren im Winter entweder auswärts einquartiert werden, oder sie kamen in ein Internat und gingen damit für längere Zeit, oft dann auf Dauer ihren Familien und der Dorfgemeinschaft verloren.

Vor allem die Mütter drängten deshalb seit der Mitte der achtziger Jahre auf eine Schulerweiterung, auf die Einrichtung einer eigenen Hauptschule. Von Hans Vogl, dem Bezirksschulinspektor, energisch gefördert und schon in diesem frühen Stadium mit Beteiligung des Architekten wurde schließlich ein neues, auf die Situation zugeschnittenes Schulmodell konzipiert. Die neue Schule sollte eine einklassige Volksschule enthalten sowie eine einklassige Hauptschule für die 10- bis 14jährigen, welche neben der Stammklasse alle für diesen Schultyp nötigen Sonderräume aufweist: Werkraum, Schulküche, Turnsaal, Gruppenräume für EDV, Fremdsprachenunterricht etc. Es handelt sich hier um eine in Österreich einzigartige Grundschule für 40 bis 50 Schülerinnen und Schüler.

Ein wesentlicher Aspekt des Entwurfes von Roland Gnaiger bestand nun darin, daß er den – an der Schülerzahl gemessen – relativ großen Raumbedarf so organisierte, daß auf ganz selbstverständliche Weise eine Mehrfachnutzung möglich wurde, und daß damit auch für die bisher fehlenden öffentlichen Einrichtungen des Ortes Platz geschaffen werden konnte.

Topographie

Im traditionellen alpinen Bauen – wie in aller »anonymen« Baukunst – gibt es eine enge Wechselwirkung zwischen der von den funktionellen Abläufen geprägten Haustypologie und der Stellung des Gebäudes im Rahmen der Landschaft, im Bezug auf die Topographie. Um es ganz allgemein zu sagen: solange der strenge Werkzeugcharakter des Gebäudes überwog, blieb der typologische Ansatz dominierend. Dort, wo der reproduktive Charakter des Hauses in den Vordergrund rückt, wo also die Landschaft nicht mehr vorwiegend als Produktionsmittel benützt, sondern als Ort des distanzierten Genusses von Naturschönheit betrachtet wird, dort erlangt das topographische Moment des Bauens die Priorität. Das Gebäude – das gilt gerade für die besten Bauten der Moderne in spektakulärer Natur – wird zum Mittel der räumlich-optischen Inszenierung des Geländes. Es schafft den architektonischen Ort in der Landschaft als ein Medium ihrer komprimierten sinnlichen und ästhetischen Erfahrung.

Roland Gnaigers Schule in Warth verknüpft diese widersprüchlichen Prinzipien zu einem ungewöhnlichen Ganzen. Zunächst wollte man die neuen Räume in einem Anbau an das alte Gemeindehaus unterbringen. Als Gnaiger Anfang 1990 von Bürgermeister Meinrad Hopfner auf Empfehlung von Jakob Albrecht mit der Planung betraut wurde, plädierte er sofort für einen eigenen Neubau. Sein Argument: Ein Anbau im geplanten Ausmaß hätte den vorhandenen Haustyps formal gesprengt. Dieses Phänomen zählt übrigens zu den Erzübeln der meisten neueren Bauten im sogenannten Internationalen Alpin-Stil, wo ein auf bloße Kürzel traditioneller Morphologien vereinfachter Haustypus beliebig vergrößert wurde, und wo deshalb entweder aus allen Nähten platzende, unförmige Agglomerationen oder maßstabslos aufgeblasene Karikaturen »bodenständigen« Bauens entstanden.

In Warth gelang es dem Architekten jedenfalls, das schlummernde Potential der Topographie so zu interpretieren, daß eine vielseitig nutzbare Verflechtung von Außen- und Innenräumen entstand. Aus schierem Gelände wurde ein besonderer architektonischer Ort von urbaner Qualität. Zugleich erzeugen die beiden Volumina – das alte Gemeindehaus und die Schule – nun ein räumliches Spannungsfeld, eine dialektische Beziehung von Nähe und Differenz, die aus der Situation weit mehr gewinnt als nur eine Summe von Teilen.

Die neue Schule liegt mit dem alten Gemeindehaus an einer steilen Hangkante am Ortsrand, gleichzeitig am Rande der einzigen, daher entsprechend wertvollen Ebene des Gemeindegebietes. Um diese ebene Fläche für Spiel, Sport und andere Veranstaltungen zu erhalten, ja zu vergrößern, wurde der Neubau in den angrenzenden, steilen Hang hinausgesetzt.

R. Gnaiger,
Neue Schule
Warth, Baubeschreibung,
Doren 1992

Zwischen dem Neubau, dem Altbau und einem gegenüberliegenden Hang bildet der Spielplatz einen auf Dorfebene liegenden, vom Straßenverkehr abgeschirmten Raum, von dem die Schule ebenerdig erschlossen wird. Alle Klassenräume liegen auf diesem und dem darüberliegenden, sonnigen Niveau. Von hier aus gesehen – auf seiner Südwestseite – erscheint der Neubau nur einstöckig als in Höhe und Masse gleichgewichtiges Pendant zum Altbau. Die Nordostseite der Schule reicht dagegen mehr als zehn Meter tiefer als dieses obere Platzniveau. Denn das Gelände fällt da abrupt zur Straße sowie zu einem flacheren Wiesenstück hin ab. Dieser Höhenunterschied wird durch drei weitere Stockwerke ausgenutzt, die unter das Hauptniveau der Schule eingeschoben sind. Über die Turnsaalgalerie, den Saal selbst und den Foyerbereich stuft sich der Bau zum nördlichen, unteren Vorplatz ab. In unmittelbarer Verbindung zur Straße liegt dort der öffentliche Zugang für die größeren Veranstaltungen und die außerschulische Nutzung des Saales.

Seite 31, 32

Wir sind also mit einem sehr kompakten Baukörper konfrontiert, der freilich ganz strukturell, d.h. gleichwertig und offen organisiert ist, sodaß er auf den ersten Blick eher einförmig und isotrop anmutet – vergleichbar den hermetischen, in ihrer »Neutralität« und »Transparenz« letztlich ortlosen und blinden »Kisten« der späten Moderne. Durch die kluge Einbindung in die Topographie vermittelt er rundum aber überraschend differenzierte Ansichten und Maßstäbe. Was von oben – absolut ausgewogen – zweigeschossig und querformatig aussieht, entpuppt sich von unten, von der Tiroler Seite her, wo die Schule das Entree zum Ort – und zum Land – markiert, als hochformatige, turmartige Gestalt, die sich gegenüber den großen, neuen Hotelbauten sicher behauptet, und die jetzt ein funktionales und formales Gegengewicht zur Ortskirche herstellt.

Seite 28, 29

Durch die Stapelung der fünf Ebenen konnte überdies die bebaute Fläche minimiert werden, was ökologisch und auch ästhetisch bedeutsam ist, da auf diese Weise die reiche Modellierung des Geländes nur punktuell durch Baumassen überdeckt wird. Die vertikale Auffächerung der Funktions- und Erschließungszonen bewirkte außerdem, daß trotz der beachtlichen Höhe kein Aufzug eingebaut werden mußte.

Typologie

Gnaiger, a.a.O.

Wer die Bergwelt Warths einmal nicht im Sonnenschein, sondern im Schneesturm und Nebel erlebt hat, weiß, daß diesem Wetter kein Angriffspunkt gegeben werden darf, daß Lieblichkeit in andere Regionen gehört. Die Verhältnisse hier sind kubisch und rauh, dementsprechend sind es der Baukörper und seine Haut. Die klaren Primärformen ruraler Bautypen entspringen der Logik ökonomischer Konstruktionsweisen und der Suche nach dem optimalen Verhältnis zwischen Hülle und Rauminhalt. Ihre einfache Geometrie ist nicht von ästhetischen Idealen, sondern vom Zwang der Verhältnisse bestimmt. In dieser Hinsicht ist die Schule in Warth als radikale Neudeutung der Grundlagen – nicht der Formen – der regionalen Bautradition zu verstehen. Der Bau ist im Grundriß (Waagschnitt) quadratisch, im Aufriß (Lotschnitt) eine Spur höher als breit: ein ganz leicht in die Höhe gestreckter Würfel, von einem prägnanten Dach beschirmt. Von seiner semantischen Aura als platonischer Körper abgesehen ist der Würfel eben nach der Kugel (und dem Ei) ganz pragmatisch jene geometrische Form, die mit einem Minimum an Oberfläche ein Maximum an Raum umfaßt.

<small>Seite 8, 9</small>

Zweifellos besteht eine Verwandtschaft zu den kompakten Volumina der Einhöfe des Bregenzerwaldes, zu den gedrungenen Walserhäusern am Hochtannberg, mehr noch zu den als Sondertypen (bei Pfarrhöfen, Gasthäusern etc.) in der Umgebung erhaltenen kubischen Stockwerkshäusern. Der Würfel steht auch dort für die kollektive Funktion. Doch die typologische Parallele ist von Gnaiger nicht auf äußerliche, motivische Kontinuität abgestellt. Sie entsteht vielmehr fast zwangsläufig auch dann, wenn unter Beachtung der genannten Prinzipien und mit moderner Holzbautechnik ein durchaus unkonventionelles Raumprogramm definiert wird.

Man könnte dennoch anmerken, daß die Raumgliederung im oberen Erdgeschoß (Flur, Stube/Musikzimmer, Küche) an das System der Wälderhäuser erinnert, – umso mehr, als diese Ebene ja ausdrücklich als das Haus des Dorfes in der Schule gedacht ist, wo regelmäßig Abendveranstaltungen (Kochgruppe, Chor, Bibliothek) oder kleine Feste stattfinden können. Man könnte weiters sagen: was bei den Wälderhäusern horizontal unter ein Dach gereiht ist, das ist hier vertikal gepackt, wobei der Saal in Analogie zum Speicher stünde. Wichtiger als solche Verweise ist das Phänomen, daß fast alle Räume in diesem Haus zwei Außenwände aufweisen, sich über Eck nach außen orientieren, was eine nicht zu unterschätzende plastische Qualität, Übersichtlichkeit und Großzügigkeit ergibt. Aus dem Rhythmus der Tragkonstruktion folgt schließlich ein modulares Set von Unterteilungen des Quadrates mit einfachen Raumproportionen – 1:1, 1:2, 2:3 –, wie sie zuletzt Josef Frank mit Berufung auf Leon Battista Alberti empfohlen hat.

<small>Gnaiger a.a.O.</small>

Auffälligstes äußeres Merkmal der Schule ist aber das große Dach, eine flache Pyramide mit hochgezogenen Vorsprüngen, die allseits um gut zwei Meter über die Fassaden auskragen. Wir erinnern uns an das Paradoxon, daß selbst ein so fanatischer Verfechter des Flachdaches wie Adolf Loos sein Landhaus Khuner in den niederösterreichischen Voralpen mit einem rundum vorspringenden Satteldach deckte. Am »Schneeloch« Hochtannberg hat das Dach eine noch viel schärfer begründete elementare Funktion und Bedeutung. Die Schneelasten erreichen hier gewaltige Ausmaße – drei Meter und mehr, oft noch ungleich verteilt. Gnaiger stand hier vor der Schwierigkeit, daß er den Schulgrundriß offen und frei von statischen Zwangspunkten halten wollte, daß er also ein Dach konstruieren mußte, das mit möglichst geringem Eigengewicht bis zu 500 Tonnen Schneelast tragen können und das Haus frei überspannen sollte, und zwar so, daß der Schnee oben liegen bleibt, daß es – bei 18 Metern Traufhöhe –

O. Wagner, Moderne Architektur, Wien 1896, S. 95

keine gefährlichen Eiszapfenvorhänge und absolut keine Dachlawinen gibt. Das Resultat ist prototypisch und archetypisch. Archetypisch im Sinne Otto Wagners, der formuliert hatte: Die erste menschliche Bauform war das Dach. Das Dach war eher als die Stütze, eher als die Wand, selbst eher als der Herd. Dem Dache folgte die Stütze, die künstliche aus Baumstämmen und Steinen, schließlich das Flechtwerk, die Wand, die Mauer. Archetypisch auch im Sinne der leichten, raumbildenden Dächer von Johannes Spalt, die dessen Bauten beschirmen, ohne den Grundriß zu belasten. Prototypisch im Hinblick darauf, daß es ein singuläres, genau aus den Bedingungen des Ortes und der Aufgabe entwickeltes Element darstellt. Als einzige bewußte Referenz, nicht allein das Dach, auch die generelle typologische Haltung betreffend, nennt Gnaiger das Sporthotel Körbersee in der Nähe von Schröcken, 1935 von Hermann Keckeis geplant: Ein wenig bekannter Bau, weil sehr hoch gelegen und mit dem Auto nicht erreichbar, mit einem weit auskragenden Pultdach, auf eine Reihe mächtiger Y-Balken an der Südostfassade abgestützt. Am Beispiel des modernen, aber nicht modernistischen Daches der Schule in Warth wird unter anderem deutlich, wie eng, wie ideologisch überfrachtet die ominöse Debatte um Flachdach und Steildach, um Dachvorschriften im Sinne von »Landschaftsschutz« war und immer noch ist. Den Konservativen wird dieses Dach zuwenig traditionell erscheinen, zu wenig angepaßt, zuwenig »ortstypisch«. Die Avantgardisten mögen es für konventionell halten. Solche Verwirrung der Maßstäbe entsteht eben dadurch, daß die Architektur oft allzu äußerlich gesehen und beurteilt wird – also nach einem Schema, ohne Bedacht auf die jeweils spezifischen, selbstgestellten, und eben deshalb nicht-schematischen Parameter des Entwurfs.

Raum und Räume

Seite 46, 47

In der Pausenhalle sitzen drei Kinder, jedes für sich, schreibend in ein Heft vertieft: für den späten Vormittag, normale Schulzeit, ziemlich ungewöhnlich. Der Raum ist der größte in der Eingangsebene der Schule. Man erreicht ihn nach dem Windfang, der links eine reichlich bemessene Garderobe, rechts zwei Tische mit Alvar Aalto-Hockern und ein von Schülern und Lehrern selbst gemaltes Wandbild bietet. Die Pausenhalle vermittelt nicht nur atmosphärisch den Charakter eines Wohn-Flurs, sie wird auch so benützt: helle Wände, lichtes Holz, an zwei Seiten Sitzbänke mit schmalen Tischen, ein elegant verschalter »Raum im Raum« vor den Toiletten, Durchblicke zu Stiegen hinauf, hinunter, zum Musikzimmer, zur Lehrküche. Die Kinder dürfen sich offenbar für »stille« Arbeiten aus der Gemeinschaft der Klassen hierher »zurückziehen«, wie überhaupt auffällt, wie da mit ruhiger Selbstverständlichkeit das ganze Haus von den Schülern genutzt wird.

Strukturelle Offenheit und individuelle Sphäre komplementär bereitzustellen, erfahrbar zu machen, ist die pädagogische Qualität dieser Architektur – und eine konzeptionelle Stärke der in ihr praktizierten Pädagogik. In den beiden Stammklassen im obersten Stockwerk wird diese Dualität besonders deutlich. Da ist einerseits der Raum durch die umlaufenden Fensterbänder demonstrativ nach außen geöffnet. Man fühlt sich wie in einem Observatorium mit endlosem Horizont und Überblick. Da gibt es andererseits in jeder Klasse einen verschiebbaren »Container« aus Sperrholz, in dessen oberer Hälfte jedes Kind ein eigenes Ablage-Fach hat, dessen untere Hälfte einen Stapel von 60 x 60 cm großen, gepolsterten Matten enthält. Diese Matten benützen die Kinder zwischendurch, um sich an den Parapeten, in den tiefen, niedrigen Fensterlaibungen oder sonstwo ihre individuellen »Nester«, ihre ganz körpernahen Räume, etwa zum Lesen, zu schaffen.

Die »Schulbänke« – auch für die Volksschüler – sind eigens entworfene Einzeltische mit hydraulisch höhenverstellbarer und neigungsvariabler Platte. So kann jedes Kind seine optimale Tischhöhe finden, so können in jeder Klasse die verschiedenen Jahrgänge mit ihren Pulten zwanglos die entsprechenden Gruppen bilden, sie auch leicht verändern, so entstehen reich differenzierte Räume im Raum, eine ganze Skala von Maßstäben, Orientierungen, praktikablen Identitäten.

Zusätzlich gibt es an einer Wand eine lange Ablage mit darunter eingeschobenen, schmalen Lehrmittelschränken auf Filzgleitern, die ebenfalls im Raum beweglich sind und mitunter auch mit den Matten zur Bildung von Gruppen-Nestern benützt werden. Stundenlanges Stillsitzen am selben Platz – dem körperlichen wie dem geistigen Bewegungsdrang von Kindern grundsätzlich fremd – wird man in diesem Haus ebensowenig finden wie starren Frontalunterricht: Der Lehrer hat ein leichtes Stehpult, mit dem er von Gruppe zu Gruppe wechseln, sich zur eigenen Arbeit auch einmal in eine Ecke zurückziehen kann. Spätestens an dieser Stelle wird wohl klar, daß diese in vieler Hinsicht außergewöhnliche Schule nicht so aussehen, nicht so funktionieren würde ohne das entsprechende Engagement ihrer Lehrer. Und da ist vor allem Markus Schatzmann zu nennen, der 1987 nach Warth kam, der schon am Entwurf des Schulmodells mitwirkte, und nach dessen gruppendynamischen Vorstellungen Gnaiger die Möblierung entwickelte, wobei Schatzmann an der Detailfindung der Tischprototypen selbst die Hauptarbeit übernahm.

Das Widerspiel von Offenheit und Geborgenheit zeigt sich auch in der vertikalen Partitur des Hauses. Der Offenheit der oberen Schulräume steht die Introvertiertheit des großen Saales und der unteren Ebenen gegenüber: oben das Observatorium, der Panoramablick, trotz vieler Holzelemente überwiegt im Innenraum die Farbe Weiß – unten die Geborgenheit der großen, fast zur Gänze mit Holzpaneelen ausgekleideten Schatulle. Der Kontrast wird besonders klar, wenn man von der Pausenhalle über die gewendelte Treppe zur Galerie hinuntersteigt und dann den unerwartet großen Saal im Tiefblick vor sich hat. Die Dimension des zweigeschossigen Raumes – er dient als Turnsaal der Schule und als Mehrzwecksaal der Gemeinde – ist von außen kaum ablesbar. Denn er ist fast vollständig von Erschließungs- und Nebenräumen ummantelt. Dennoch erhält er an drei Seiten viel natürliches Licht über die Zuschauergalerien. Der überraschende Effekt hat aber auch damit zu tun, daß seine Länge den außen wahrnehmbaren Würfel um einiges übertrifft, da die drei unteren Geschosse unter der oberen Eingangsterrasse in den Hang hineinreichen.

Nicht minder spannungsreich wirkt der Zugang vom unteren Vorplatz. Das Foyer, ein eher flacher, halbdunkler Raum, führt unter dem Saal quer hindurch zu einer eleganten, lichten Treppe. Kommt man über sie zum Saaleingang, erfährt der gerade erlebte Hell-Dunkel-Kontrast und Aufwärts-Sog im Aufblick durch die Halle eine weitere, suggestive Wiederholung und Steigerung. Das Foyer erschließt außerdem die Haustechnik- und Umkleideräume mit dem Neben- bzw. Bühnenaufgang sowie einen Werkraum samt Labortisch für Chemie- und Physikexperimente. Eine Überleitung von der Straße zum unteren Vorplatz bildet das niedrige Nebengebäude. Es integriert eine Trafostation, einige Parkplätze und Lagerräume und vermittelt in Höhe und Richtung zwischen der Schule und dem Straßenverlauf.

Struktur und Haut

Soweit das Gebäude an das Erdreich anschließt – das ist bis zur Decke über dem Saal – ist die Bauweise massiv mit Dämmung und äußerer Holzschalung. Oberhalb der Saaldecke handelt es sich um eine reine Fertigteil-Holzkonstruktion. Die 2,5 Meter breiten, zweigeschossigen Holzelemente wurden fertig gedämmt auf die Baustelle geliefert und in fünf Arbeitstagen aufgestellt. Die fünfzehn Meter langen Außenwände bestehen jeweils aus sechs solchen Elementen. Die Holzbalkendecke über dem Erdgeschoß ist quadratisch im selben Raster verlegt.

Die Innenwände (und damit die Saaldecke) sind frei von Dachlasten. Über eine sternförmige Fachwerkskonstruktion wird das Gewicht des Pyramidendaches zur Gänze zu den Außenwänden übertragen. Rechnerisch müssen bei 1200 kg/m² Schneelast auf den 20×20 Metern der Dachfläche 480 Tonnen Gesamtgewicht in die äußeren Holzsteher abgeleitet werden. Diese Holzsteher mit den Querschnittmaßen 16/32 cm sind im Obergeschoß frei sichtbar und geben dem umlaufenden Fensterband wie der gesamten Fassade den Rhythmus.

Das Bauen mit Holz wurde von den »Vorarlberger Baukünstlern«, zu deren Exponenten Roland Gnaiger seit 1980 zählt, kaum je dogmatisch oder puristisch aufgefaßt. Es ist dieser Gruppe und ihrem wachsenden Umfeld vielmehr gelungen, die regionale Holzbautradition im Grundsätzlichen aufzugreifen, sie aber für die heutigen Anforderungen zu adaptieren, sie technisch und funktionell neu zu deuten. Hierzu zählt auch der Schritt vom reinen handwerklichen Holzbau zum ingenieurmäßigen Konstruieren, das aus einer Vielzahl von komplexen Randbedingungen zu sehr einfachen, rationellen Mischkonstruktionen führt. Die Bauweise der Warther Schule und speziell ihres Dachstuhles verkörpert so eine undogmatische, anti-traditionalistische Mischform: Wo sich die Summe der Parameter zum Stahlbeton hinneigt, wird Stahlbeton verwendet; wo Schnelligkeit, Leichtigkeit und Wirtschaftlichkeit den Ausschlag geben, wird Holz im Montageverfahren eingesetzt; wo die klassische Holzverbindung zu aufwendig, zu teuer wird, werden Metallglieder eingefügt; wo die Ausformung der Dachkonstruktion als Raumgitter in Holz kalkulatorisch und gewichtsmäßig Vorteile bringt, wird sie der Beton- oder Stahlkonstruktion vorgezogen, wobei zur Optimierung des Systems stellenweise wieder Stahltechnologie zur Unterspannung des Fachwerkes oder zur Verhängung der Auskragung hineingemischt wird. Und wenn, wie in Warth, die Fassadenhaut als Holzschalung gleichförmig über unterschiedliche Tragskelette (Beton, Holz) gezogen wird, geschieht das nicht in manierierter Liebe zum Widerspruch, noch versteht es sich pathetisch als Bruch mit den alten, homogenen Bauweisen. All das bringt – von außen gesehen – Effekte hervor, die zuerst zu einem allgemeinen, typischen Stimmungsbild verschmelzen, die auf den zweiten Blick dann die jeweiligen Interdependenzen sehr klar nachvollziehbar machen. Daß dieser Kubus seine Masse geschickt relativiert, hat mehrere Gründe. In seinem Relief wird die latente Statik des platonischen Körpers durch ein Ineinander verschiedener Aufwärts- und Abwärtstendenzen in latente Dynamik verwandelt. Genau dort beispielsweise, wo die relativ größten Lasten auftreten,

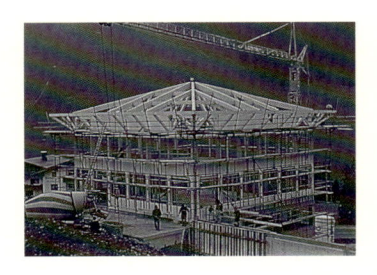

Seite 38

an und unter der Dachzone, dort wirkt der Baukörper am leichtesten: Über dem ganz vorne sitzenden, zum Teil spiegelnden, zum Teil durchsichtigen Fensterband spreizt das Dach mit seiner strahlend hellen Untersicht sich energisch nach oben. Die vertikale Aufeinanderfolge der verschiedenen Fenstersysteme wiederum reflektiert einerseits die Stapelung der verschiedenen Tragsysteme und Innenraumkonzepte, sie erzeugt andererseits eine weitere Aufwärtsbewegung, die das Volumen nach oben hin immer leichter erscheinen läßt.

Die Fassaden suggerieren aber auch das Bild des mehrdeutigen Ineinanders und Übereinanders einzelner Kuben. So sind die beiden obersten Geschosse mit dem Dach als eine Einheit für sich lesbar, zugleich

Seite 32

wirken aber auch alle Stockwerke vom Boden bis zur Parapetkante des obersten Fensterbandes als Einheit, als überhoher »Sockel«, von dem sich das Panoramageschoß exklusiv nach oben absetzt. Es entsteht optisch ein »Sprungbild«, bei dem das vorletzte Stockwerk abwechselnd der einen oder der anderen Lesart angehört. Unterschiedliche Sonnenmarkisen, die gesimsartigen Horizontalstreifen, die gleich den »Klebedächern« der alten

Rheintal- und Wälderhäuser Regen- und Schmelzwasser von der Fassade wegleiten, und die waagrechte Zeichnung der Verschalung geben dem Würfel noch eine lebendige, feine Oberflächentextur. Ein Sonderfall ist der »Grill« vor den Galeriefenstern. Hier wurden Alu-Planken aus dem LKW-Bau montiert, um das Sonnenlicht ins Innere auf die Saaldecke umzulenken, bzw. um im Saal die Blendwirkung der hochgelegenen Fensterbänder zu dämpfen.

Wir sehen, gleichsam als Meta-Form solcher Einzelbeobachtungen, daß gerade die eigentümliche Dachform dem Kubus eine starke Aufwärtstendenz verleiht, eine Entlastung vom Boden, daß sie den Bau insgesamt aber auch wieder durch den raumgreifenden und beschirmenden Effekt der Dachausladung sehr klar an den Ort zurückbindet. Es war nicht zuletzt diese Ambivalenz, ein gegenüber den Abstraktionen der Moderne so traditionelles Element wie das Dach zur modernen, dynamischen Raumwirkung zu transformieren, welche Frank Lloyd Wrights wegweisenden Prärie-Häusern ihre starke Physiognomie gab.

Je genauer wir uns den Bau in Warth ansehen, je mehr ästhetische Momente wir darin entdecken mögen, umso mehr wird deutlich, daß er seine Qualität nicht formalen Spekulationen verdankt, sondern daß jedes Detail seine Begründung primär im Gebrauch besitzt, seine Rolle im gesamten Zusammenhang spielt. Dazu gehört auch, daß die Detailarbeit insgesamt nur so weit getrieben ist, als sie innerhalb des Ganzen noch verhältnismäßig erscheint. Das Detail hebt nicht auf Perfektion ab, es verschließt sich nicht in eine ästhetische Autonomie, es bleibt begreifbar, es bleibt – wie das Raumkonzept selbst – definiert und dennoch offen.

Panorama
In der Architekturgeschichte des 20. Jahrhunderts gibt es einen berühmten, emblematischen Streit. Le Corbusier propagierte das horizontale Bandfenster als die dem modernen Menschen und seiner Zeit adäquate Form: Es sei zudem Resultat und Symbol einer epochalen Befreiung der Baukunst, der Verselbständigung von Tragstruktur und Wand, die sowohl den »freien« Grundriß als auch die »freie« Fassade ermöglichte.

Auguste Perret verteidigte dagegen das alte Vertikalfenster, speziell die Fenstertür. Er kritisierte am Bandfenster, daß es die Wahrnehmung des Außenraumes auf einen flachen, nichtperspektivischen Streifen verkürze, während die Fenstertür einen kompletten Raumeindruck gewähre. Das Auge könne da vom Vordergrund bis zum Hintergrund wandern, erlebe also die maximale optische Tiefenwirkung. Das Bandfenster, der Panoramastreifen, reduziere den Ausblick auf den flächigen Raumbegriff der Photographie bzw. der Filmkamera. Das vertikale Fenster entspräche dem anthropomorphen Erlebnisraum: Das Bandfenster schaffe nicht freien Bezug, sondern ästhetische Distanz zum Außenraum, zur Landschaft. Dieser Streit ist heute historisch geworden, seine ideologische Zuspitzung durchschaubar. Während Corbusier die neuen, technisch-maschinellen Perzeptionsweisen von Umwelt auch im Bauen thematisieren wollte, suchte Perret die anthropologische, körperliche Struktur von Baukunst zu erneuern. Man könnte auch sagen, wo Perret die Herrschaft der Fluchtpunktperspektive über den Raum bewahren wollte, suchte Corbusier die Herrschaft des freien Panoramablicks zu etablieren. Beides – in dieser ideologisierten Form – sind vor allem Aspekte ästhetischer Herrschaft.

Aus der Perspektive klassischer Holzbaukultur relativiert sich diese Auseinandersetzung. Denn dort ist sowohl die Aufgabenteilung von Tragwerk und Füllung – das Schönheitsideal des modernen Skelettbaus - ein fester Bestandteil der Tradition, als auch die horizontale Reihung von Einzelfenstern zu panoramatischen Fensterbändern. Das Thema ist hier deshalb von Belang, weil Gnaiger in dem »Observatorium«, bei den Schulklassen, eine sublime Verbindung von Horizont und Tiefenblick erreichte. Das umlaufende Fensterband zerschneidet und öffnet den Raum dort in horizontale Streifen, es sitzt auch im Sinne der flächigen Tendenzen der Moderne ganz außen an der Fassade. Auguste Perrets Perspektive ist aber durch die rhythmisch eingesetzten Vertikalfenster ebenso präsent: gelb lackiert, hoch und schmal, konterkarieren sie die Horizontalität des Panoramablicks, teilen ihn in einzelne, bildhafte Portionen auf. Es würde zu weit gehen, wollte man diese individuelle Relativierung des Panoramablicks, der heute die »problemlosen« touristischen Ansprüche der Gesellschaft an Natur repräsentiert, als eine latente oder gar gewollte Aussage in dieser Architektur deuten.

Tatsache ist freilich, daß die neue Schule in Warth einen räumlich-dynamischen Bezug zur Landschaft herstellt, der sie aus der übrigen alten und neuen Baustruktur des Dorfes absolut heraushebt. Tatsache ist aber auch, daß dieses Haus sich mindestens so stark in die gegebene Szene einbettet, wie es sich gegen sie behauptet. Fragen nach Einordnung, Über- oder Unterordnung reichen da zu kurz. Der Bau greift ein Problem auf, definiert es in einer Balance der vielfältigsten Bezugsebenen, – und stellt seine Synthese offen dar. Nicht mehr, nicht weniger. Friedrich Achleitners Kommentar dazu:

Die Qualität dieses Bauwerks liegt (...) in der überzeugenden Entwicklung eines Baugedankens aus den räumlichen Bedürfnissen einer Gemeinde, der Charakteristik eines Bauplatzes, der Lage zum Ort und den bautechnischen Möglichkeiten in einer extremen Klimazone. Alle diese Momente sind aber nur mitbestimmende Faktoren für den Entwurf; die eigentliche Leistung liegt in der klaren Interpretation einer kulturellen Situation und in einer plausiblen, verständlichen baulichen Antwort darauf.

F. Achleitner, Neues Bauen in den Alpen, Sexten 1992, S. 40

Der Bau von Roland Gnaiger ist hier, wie gesagt, als Modellfall dargestellt. Er ist einzigartig, obwohl er genau das nicht beabsichtigt. Er ist in vielen Teilkomponenten konventionell, in deren Summe weist er weit über das Alltägliche hinaus. Er ist untrennbar in seinen Ort verwurzelt und dennoch von einer universellen Haltung geprägt. Darüber hinaus steht diese Arbeit, neben etlichen anderen hervorragenden Bauten der letzten Jahre, stellvertretend für eine allgemeine Trendwende in der Bauszene Vorarlbergs. Das Anspruchsvolle muß sich nicht mehr auf das kleine Einzelhaus, die kleine Hausgruppe, den reinen Holzbau beschränken. Regionales Bauen, formiert im Widerstand gegen provinziellen Regionalismus wie gegen internationalen Rustikalismus, entwächst da dem kleinen Maßstab, wird mit komplexeren Anforderungen konfrontiert, schafft sich neue, weitere Horizonte.

Ausgehend vom Kraftfeld der Baukünstlergruppe ist hier heute ein Architekturklima vorhanden, in dem sich die jüngere Generation mit großer Sicherheit freier zu artikulieren beginnt, wo der Impuls der strukturellen Ökonomie, die Entfaltung des architektonischen Raumes aus der Synthese von Programm, Topos und Konstruktion, sich nun auch an öffentlichen, größeren Aufgaben bewähren kann.

Margherita Spiluttini

Foto

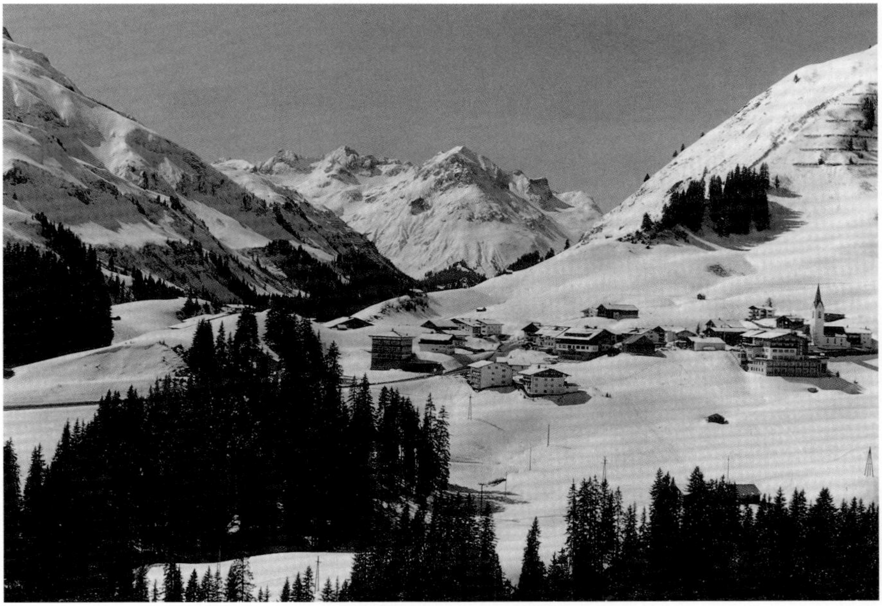

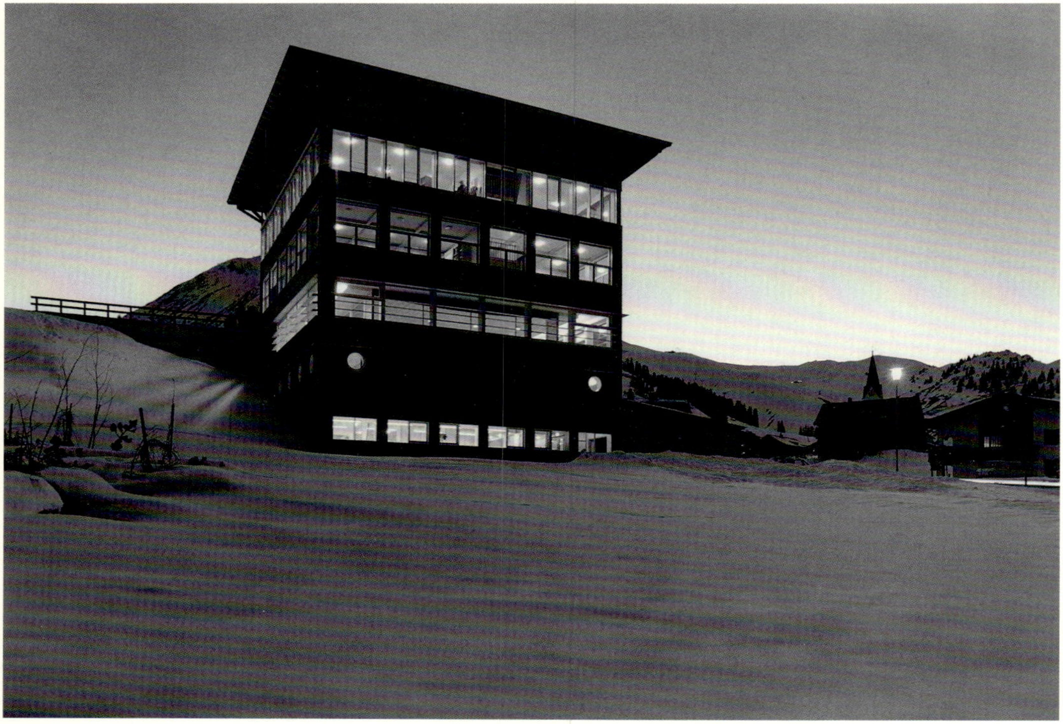

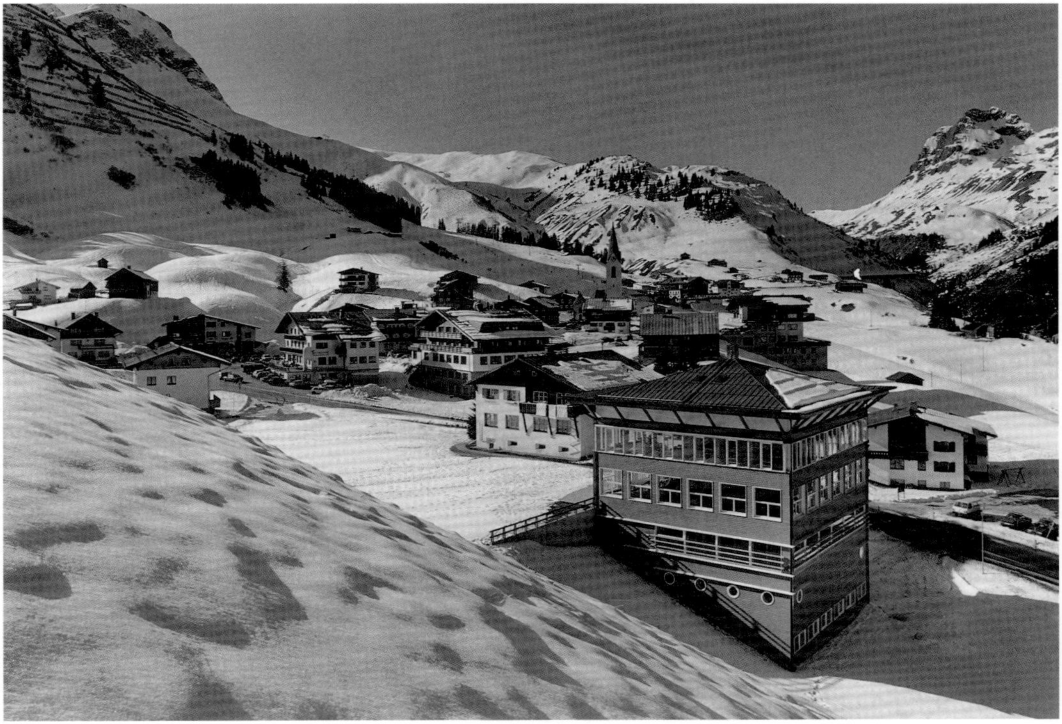

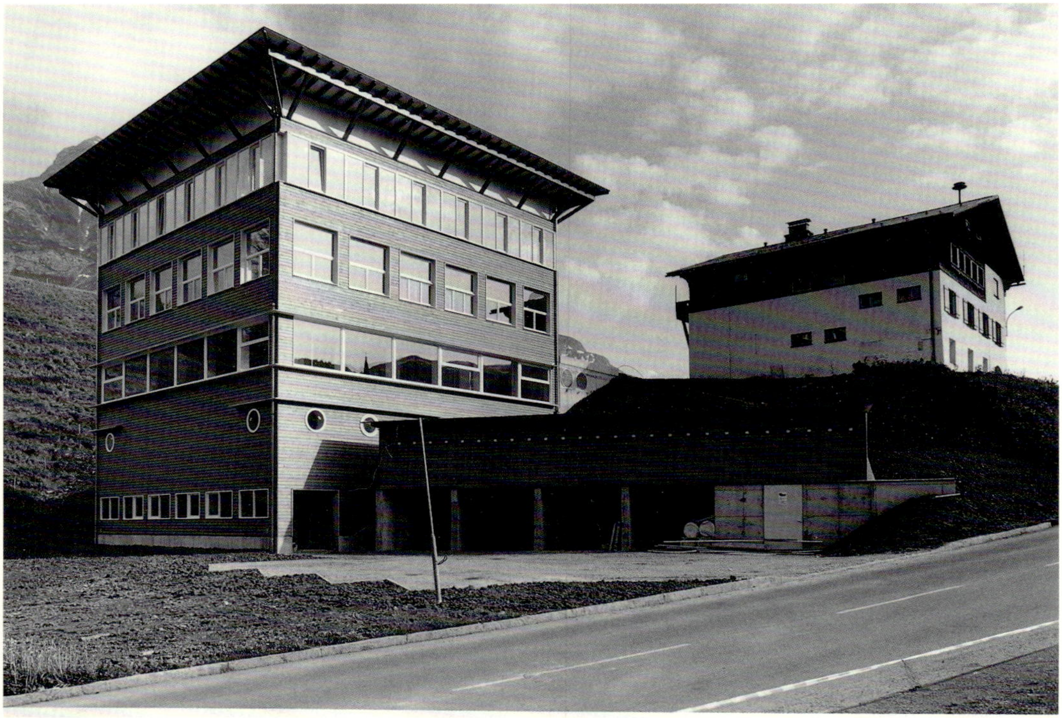

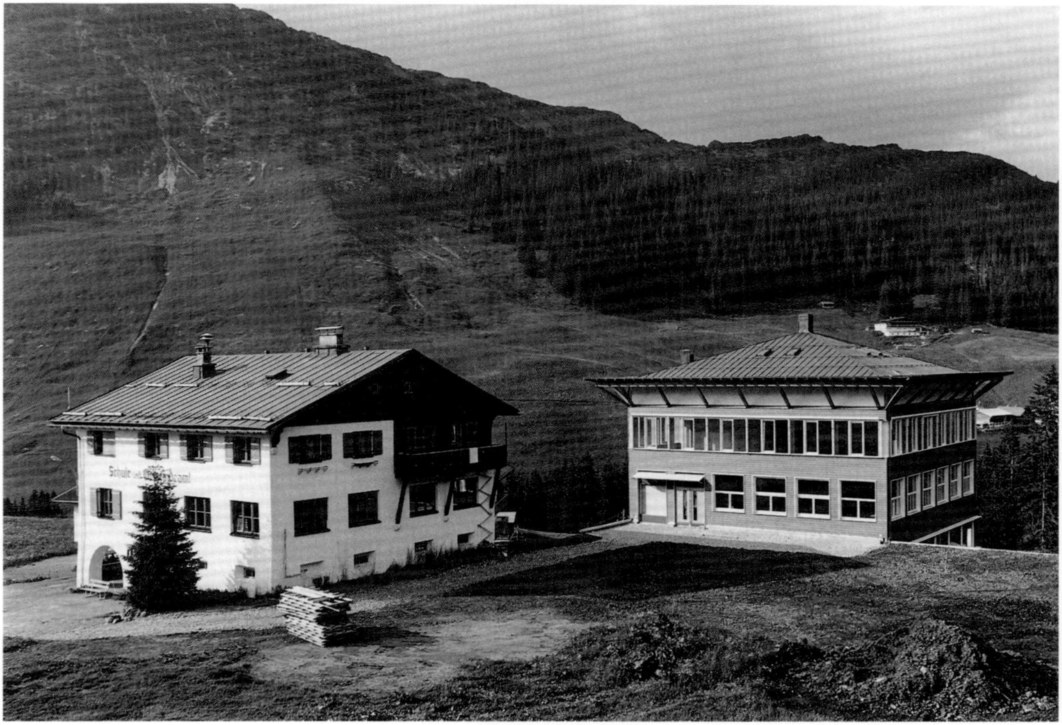
Schule

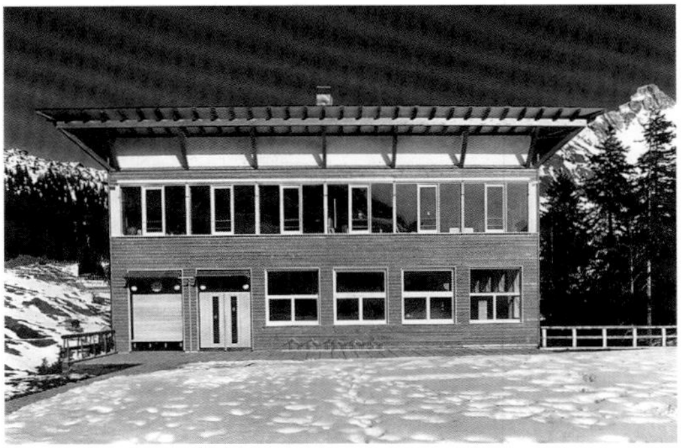

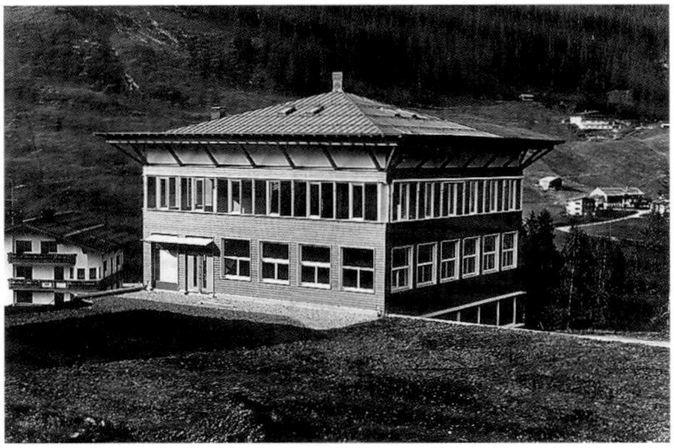

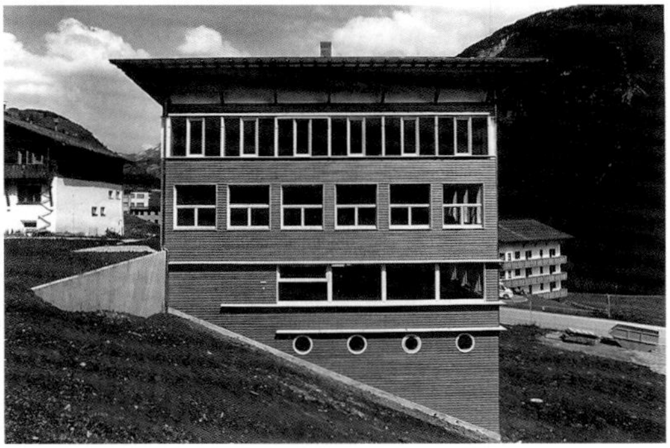

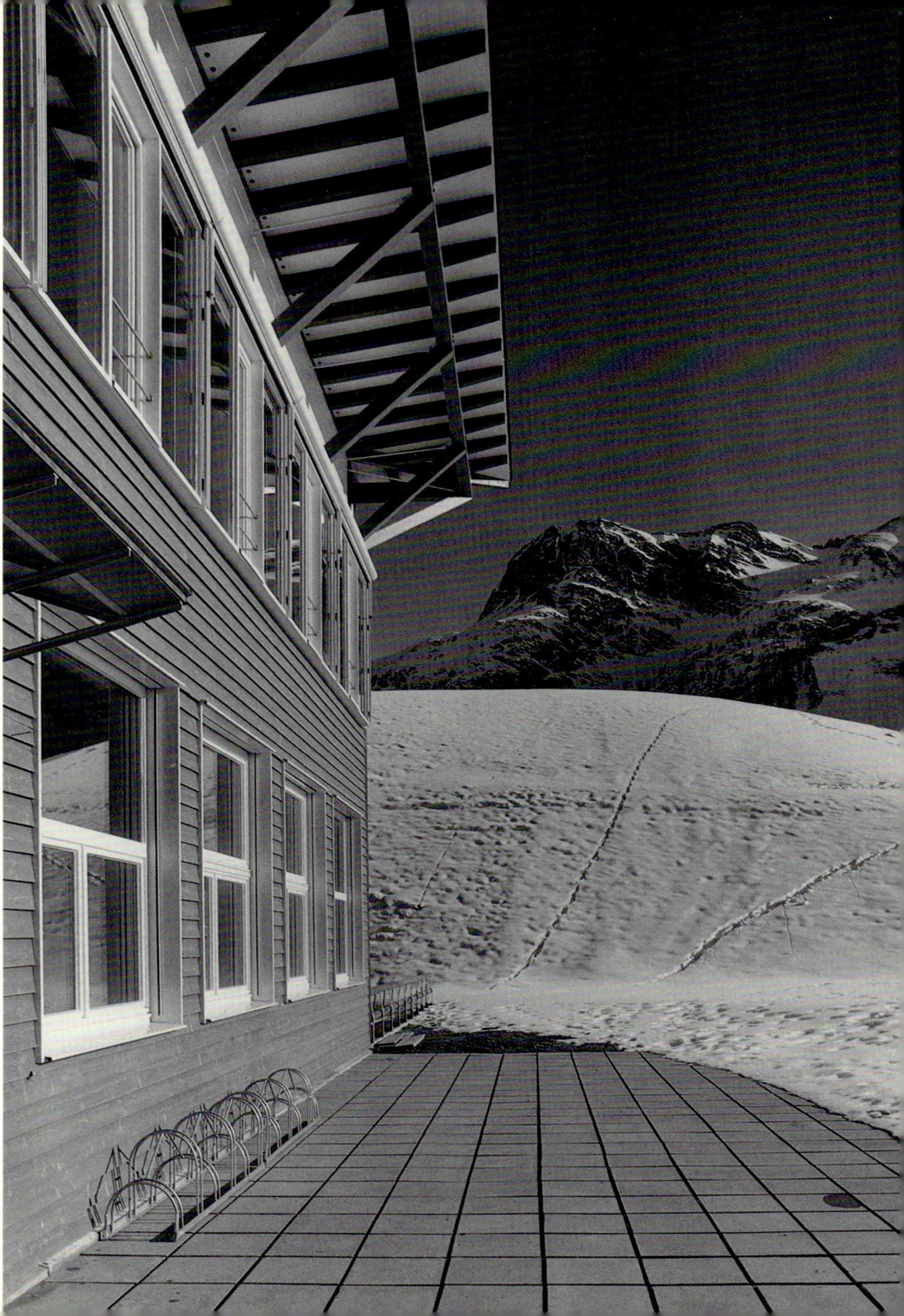

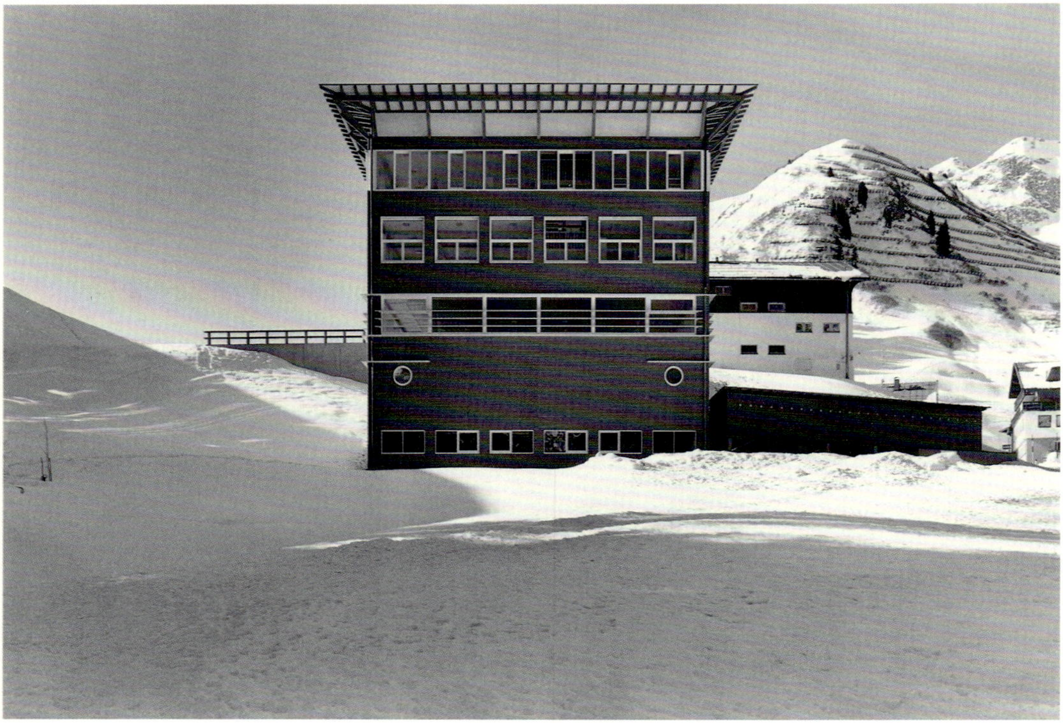

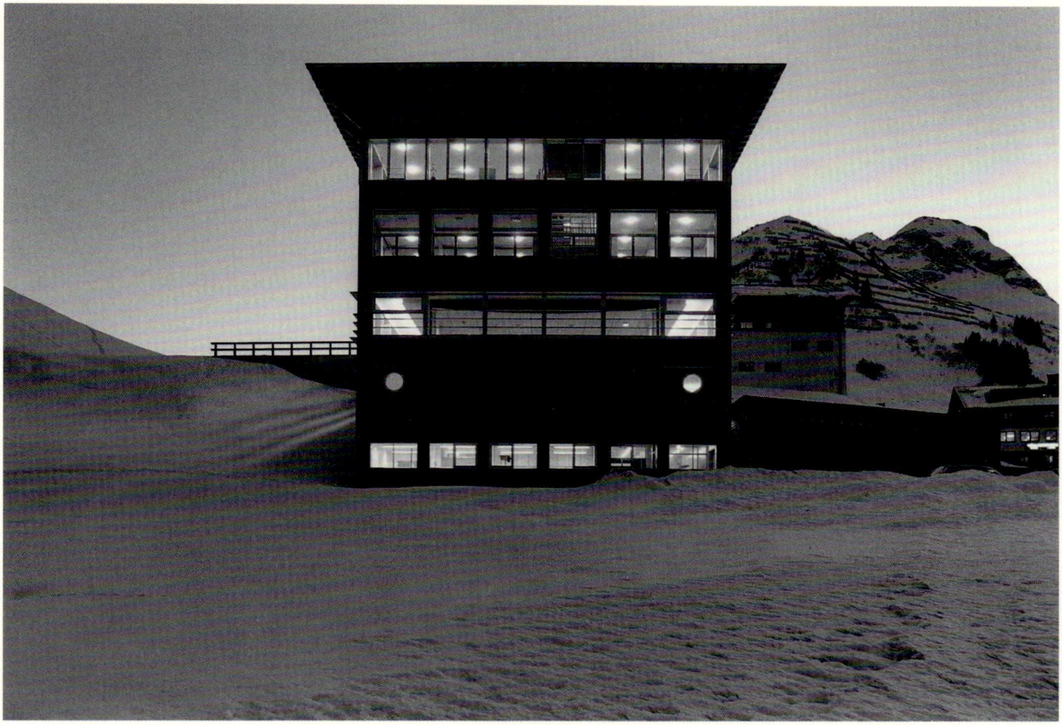

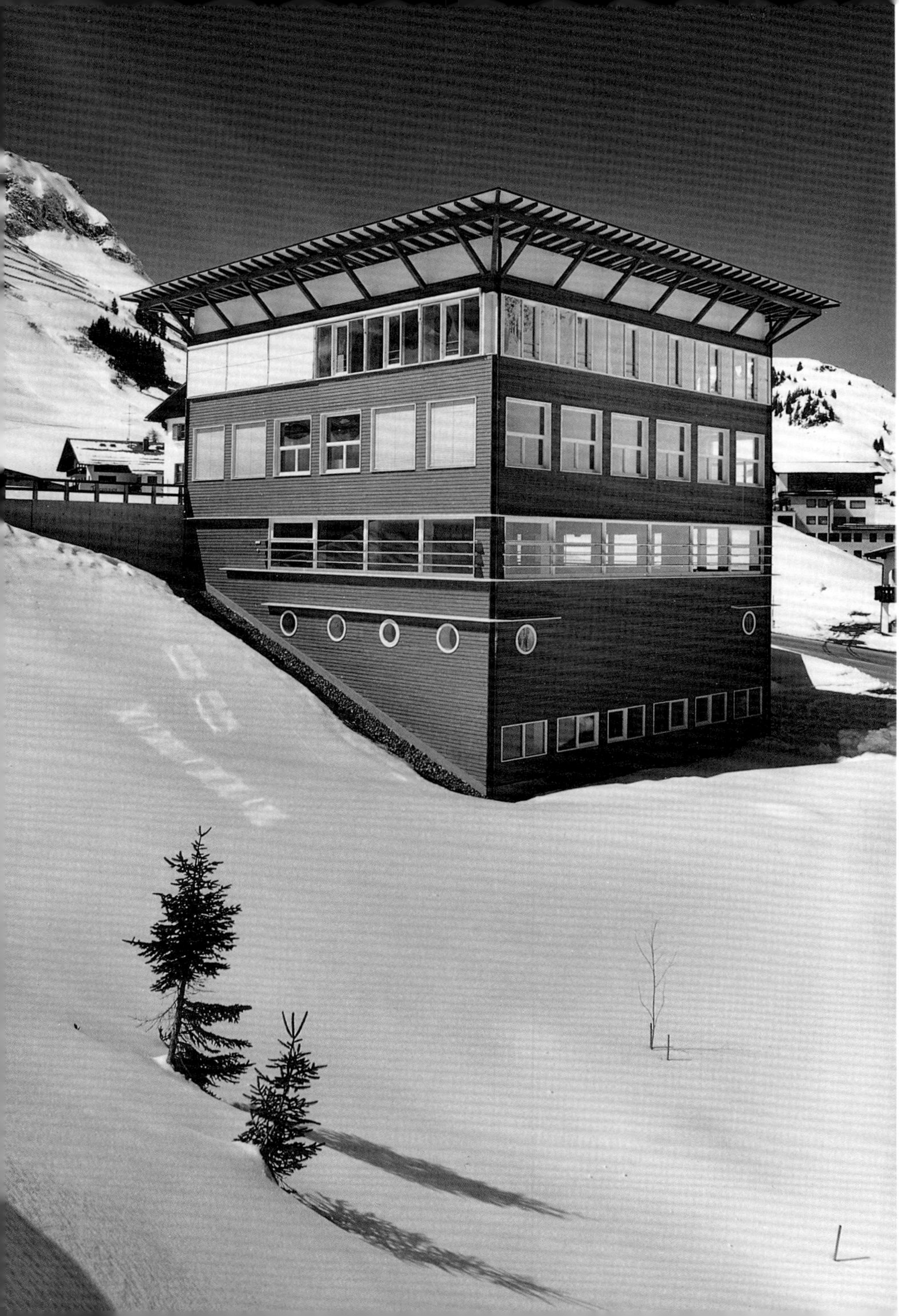

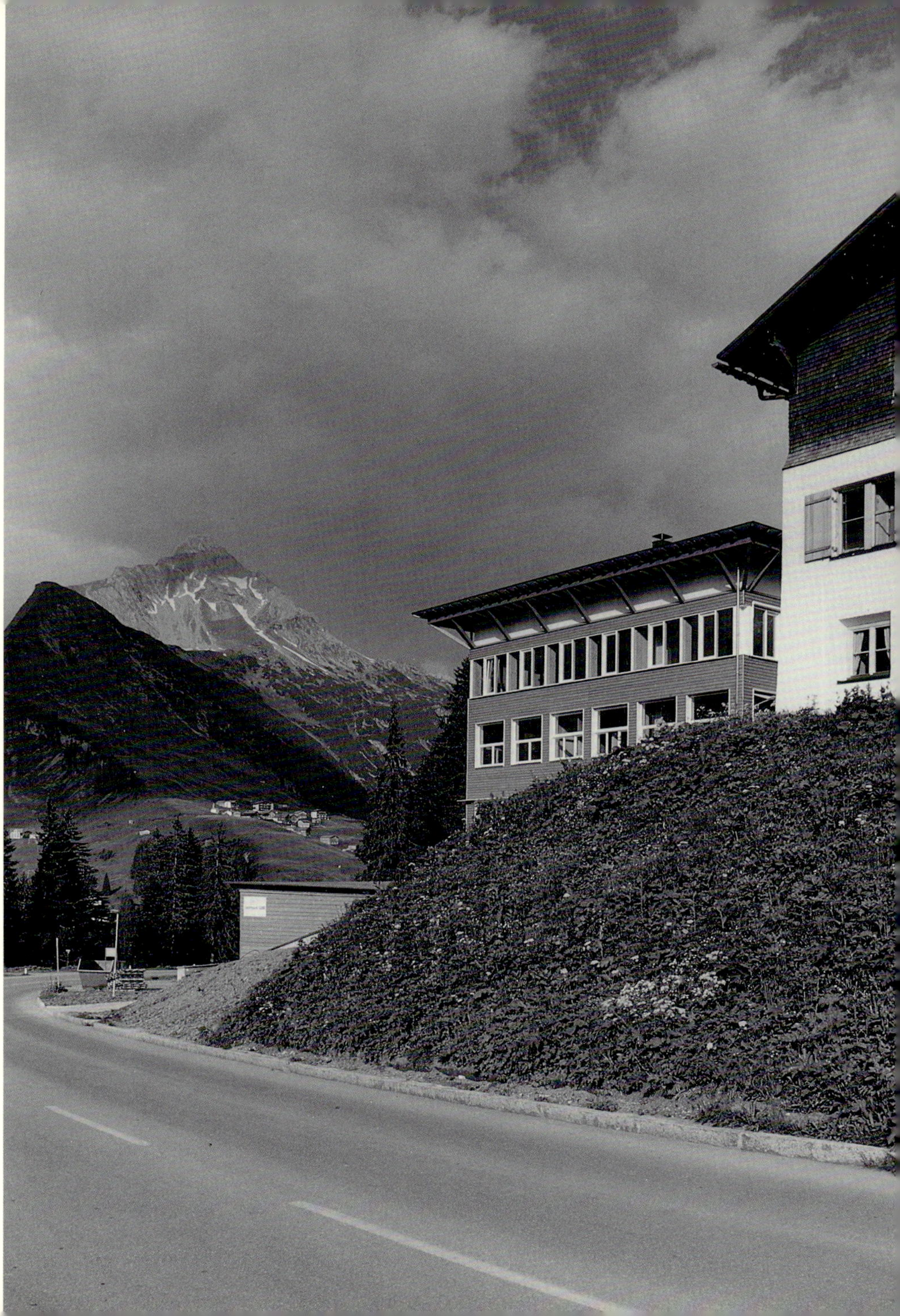

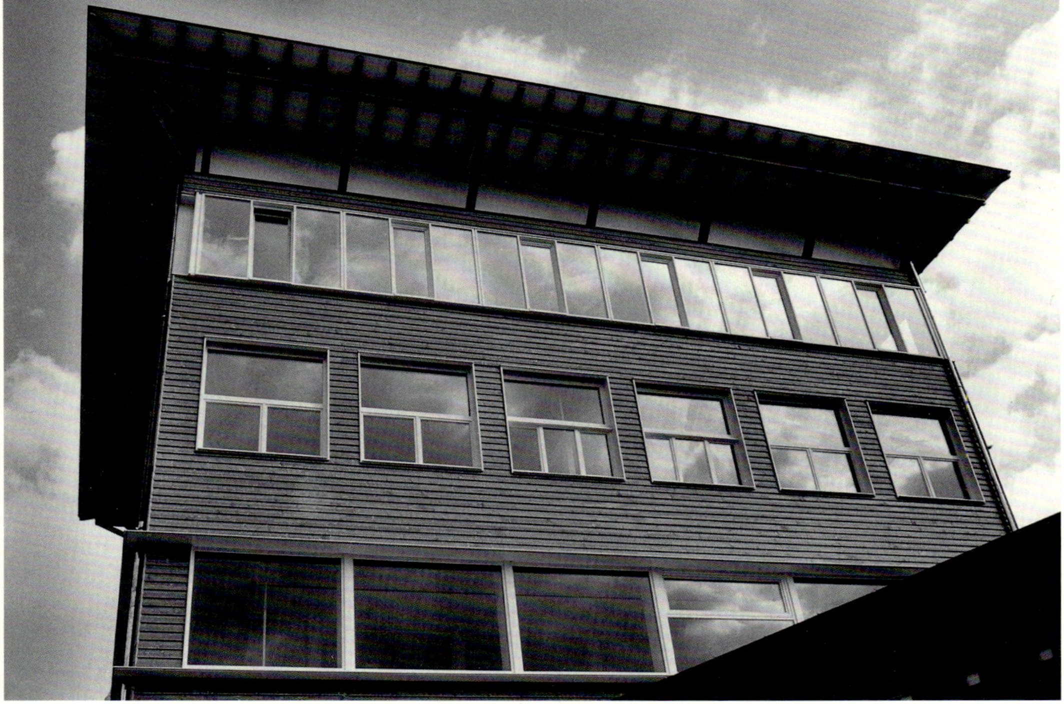

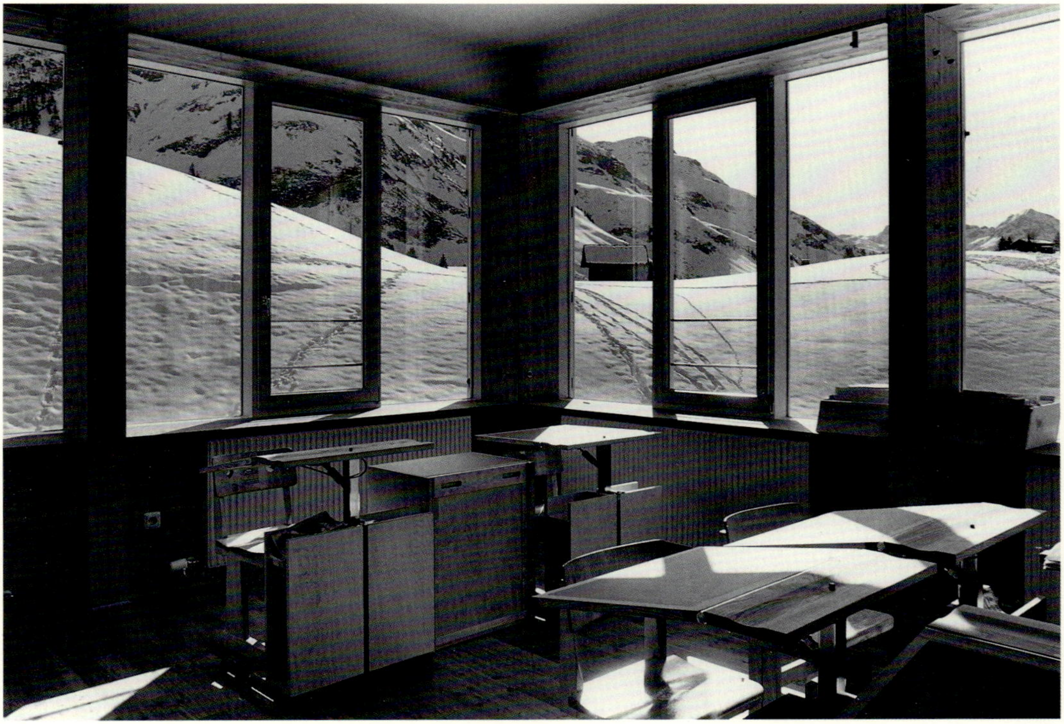

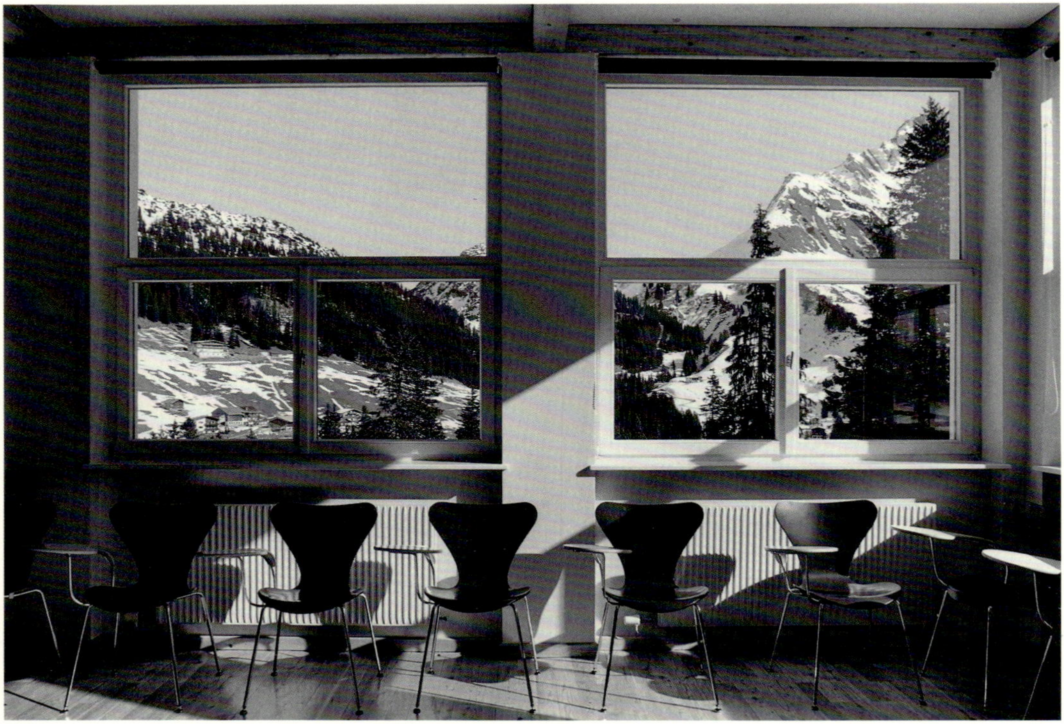

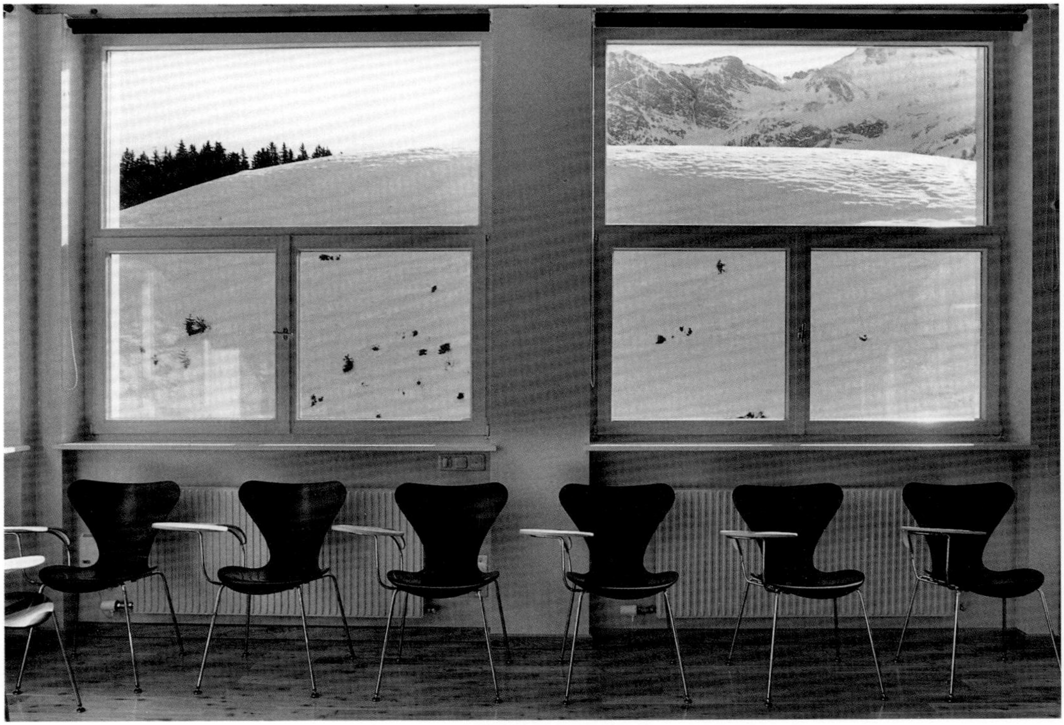

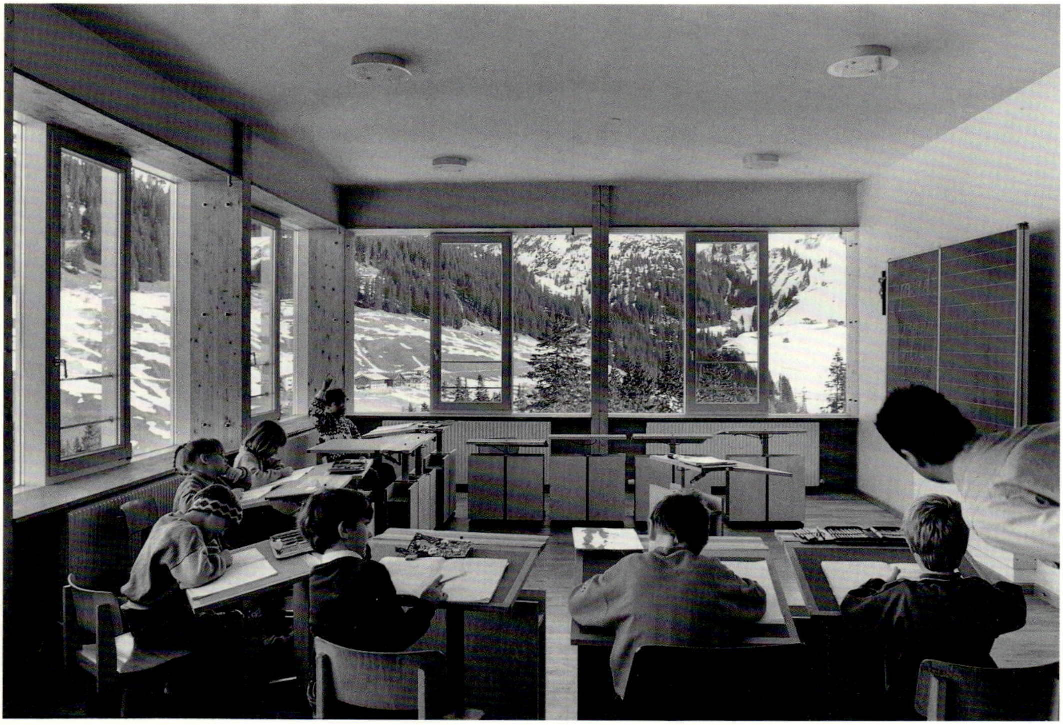

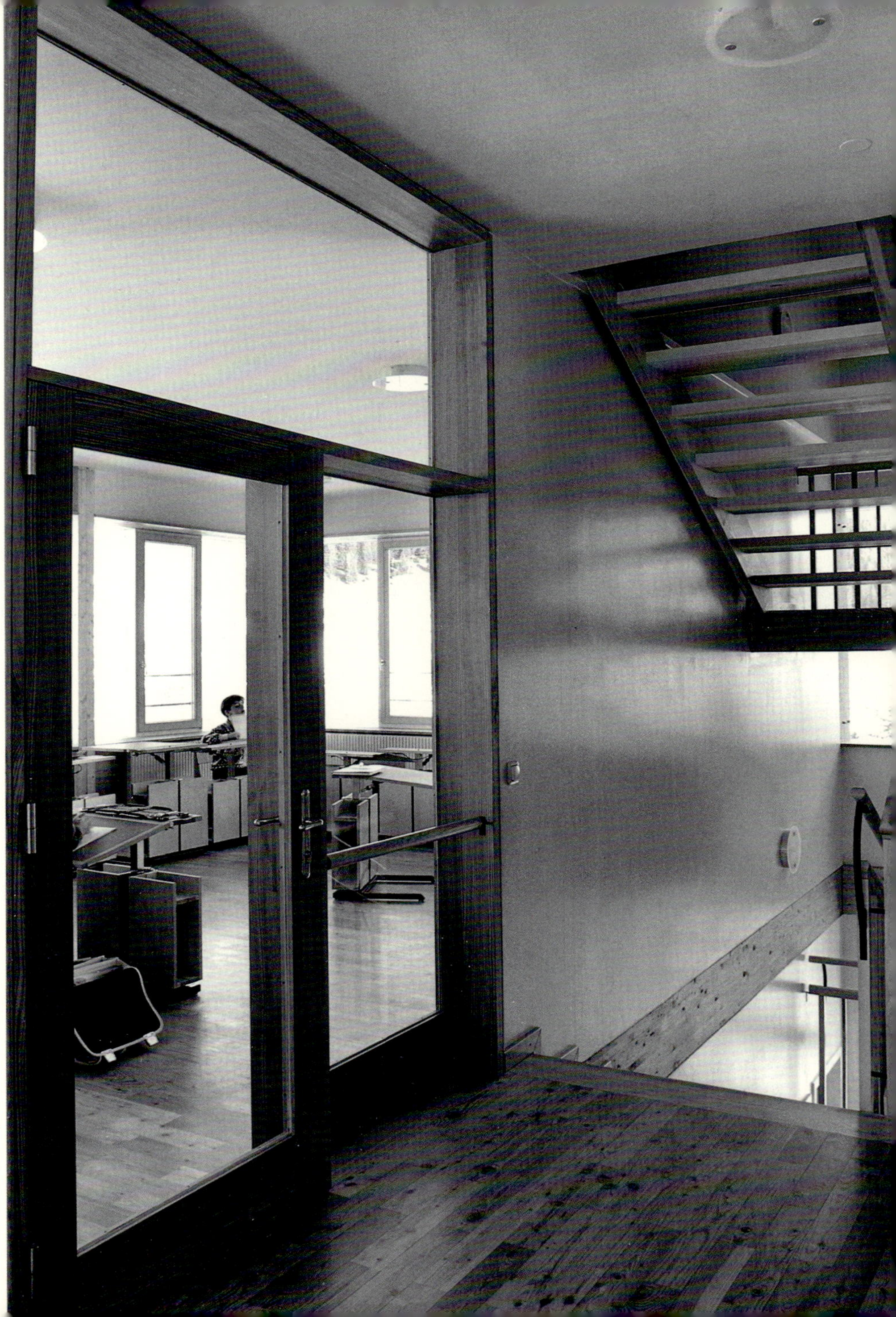

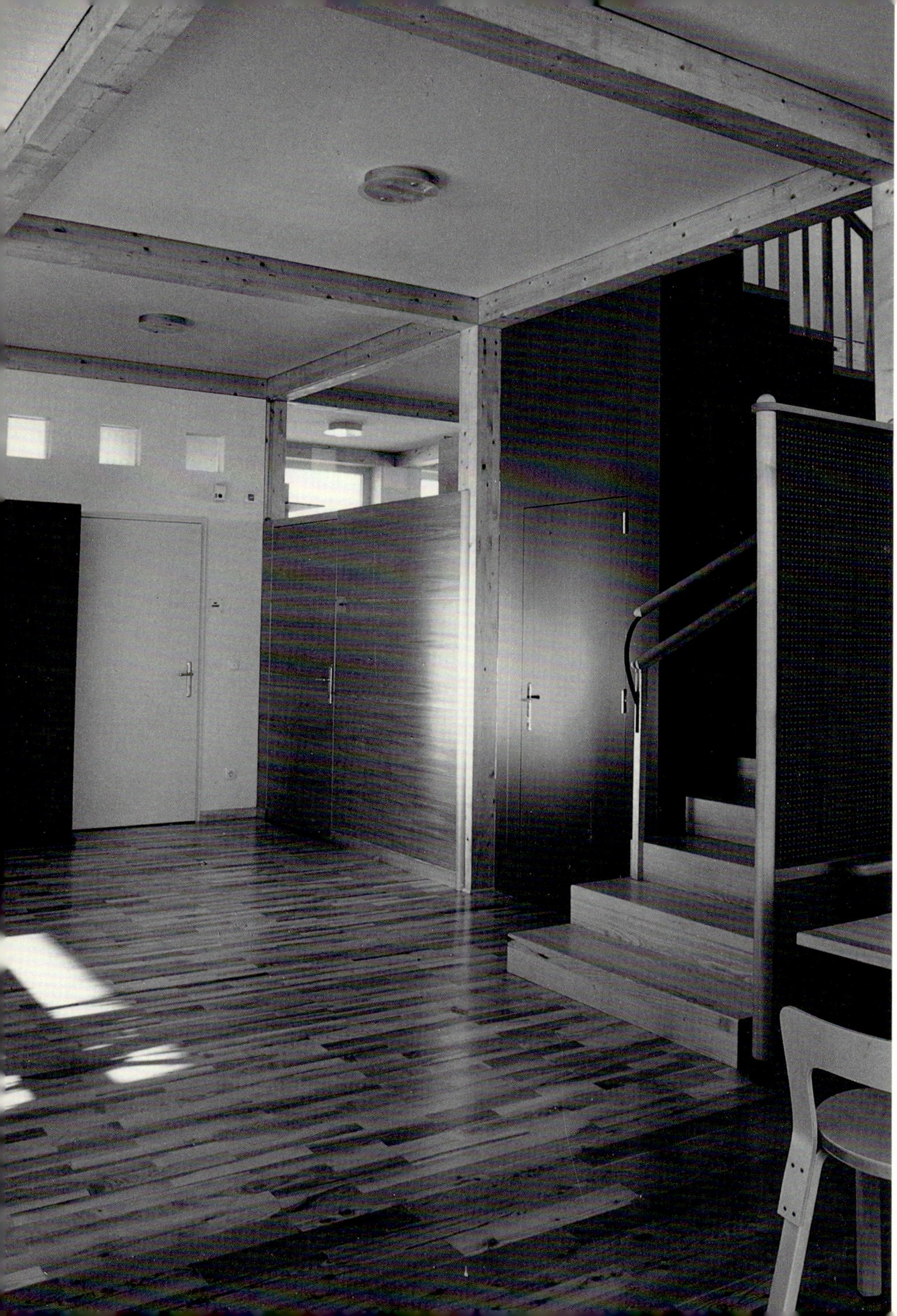

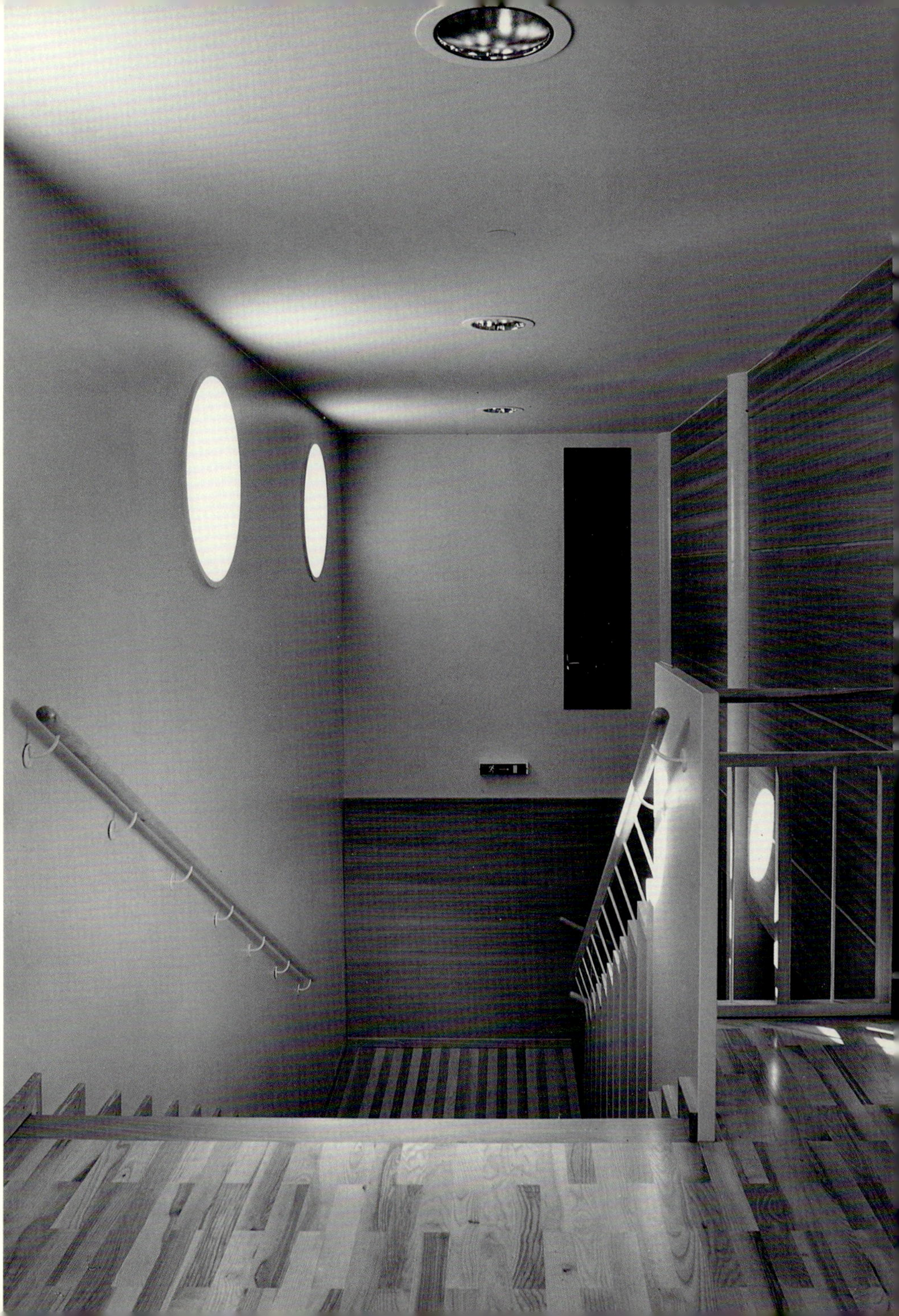

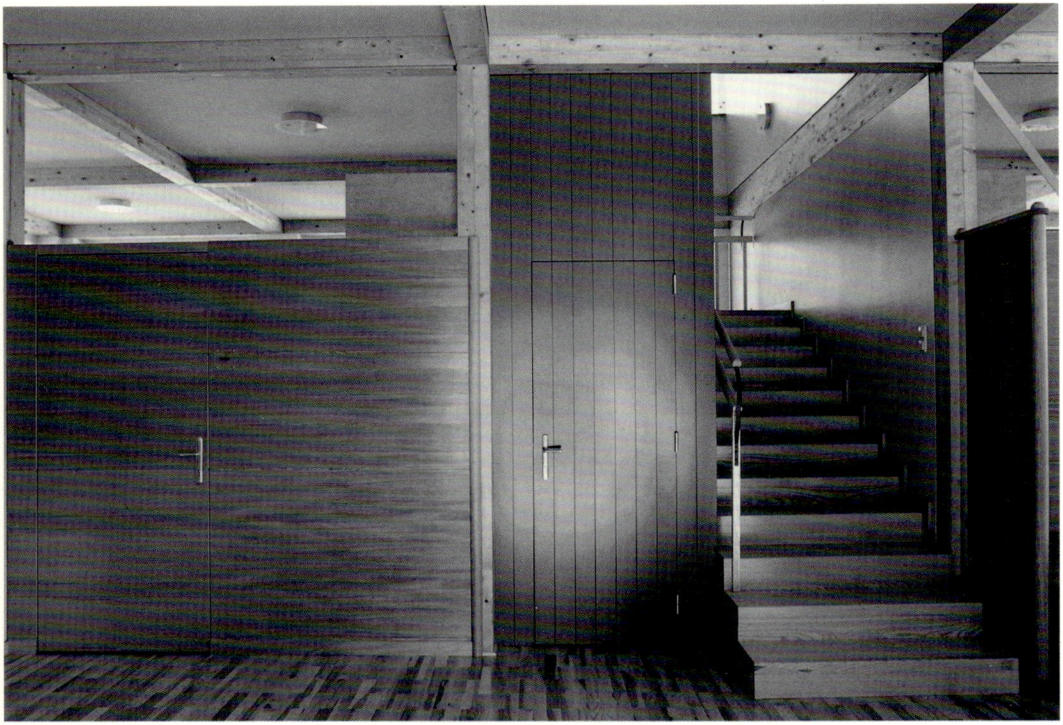

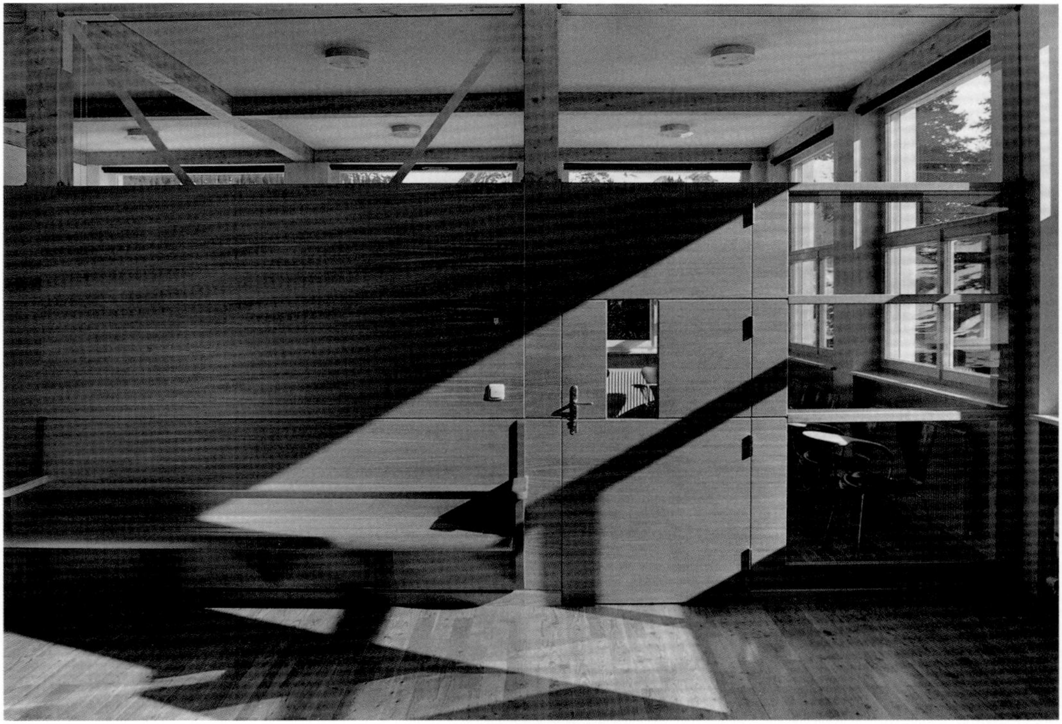

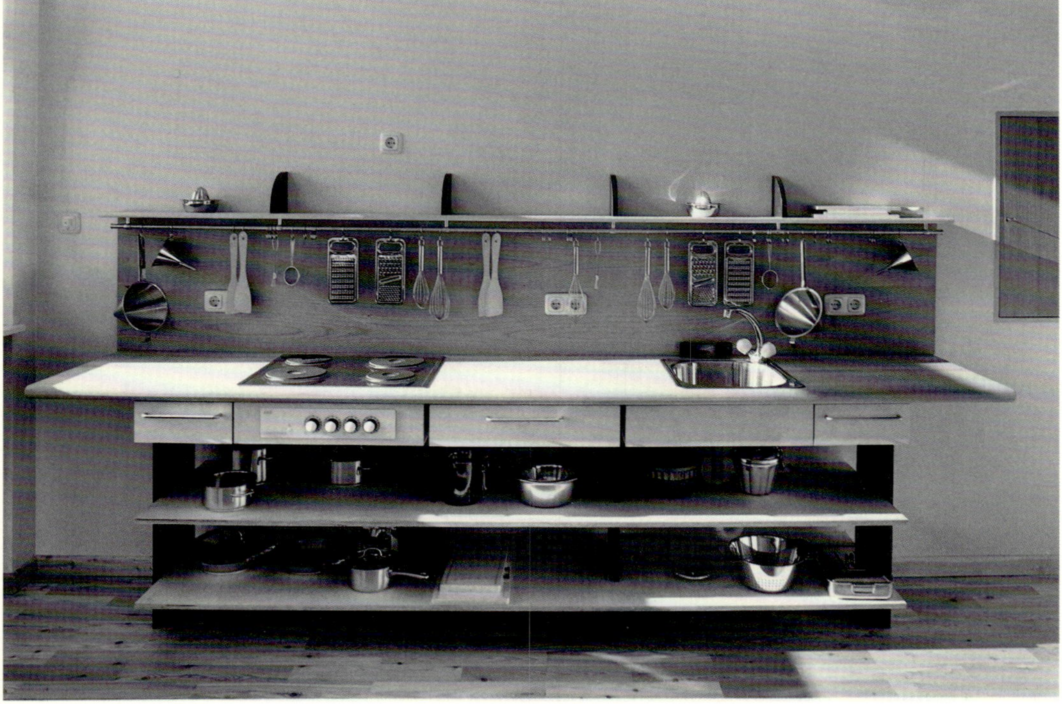

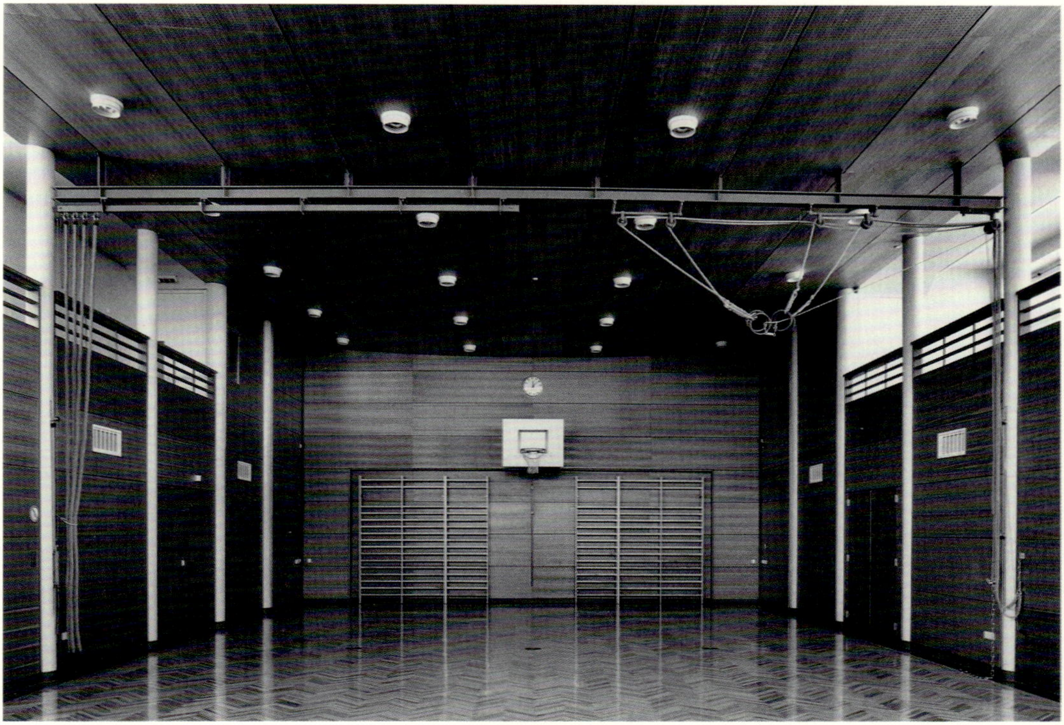

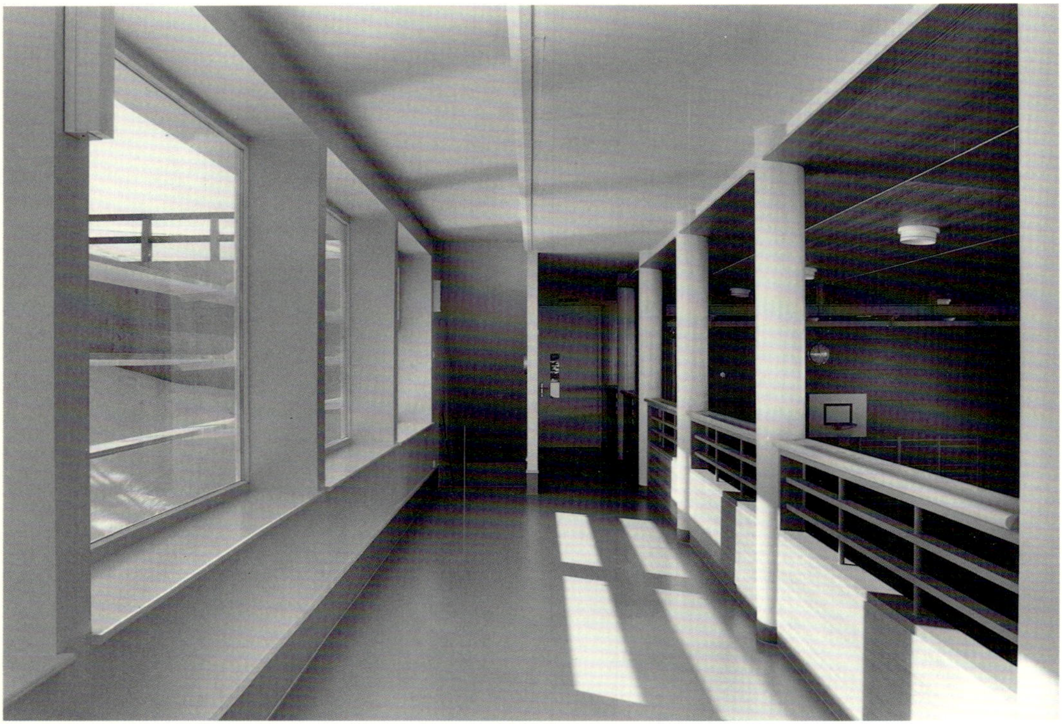

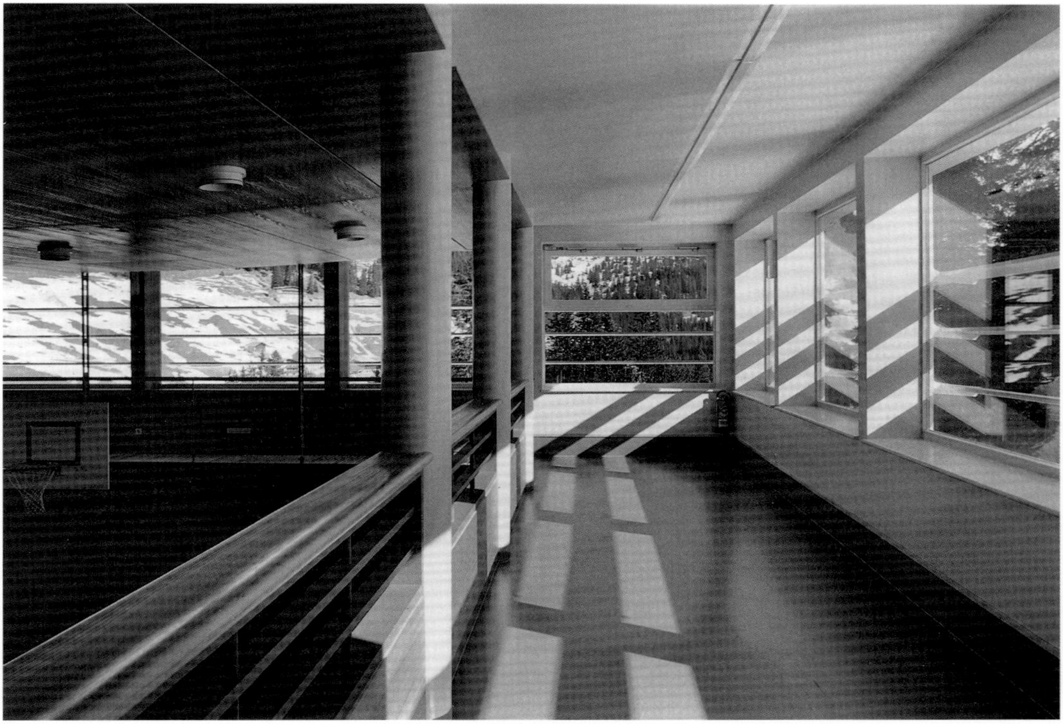

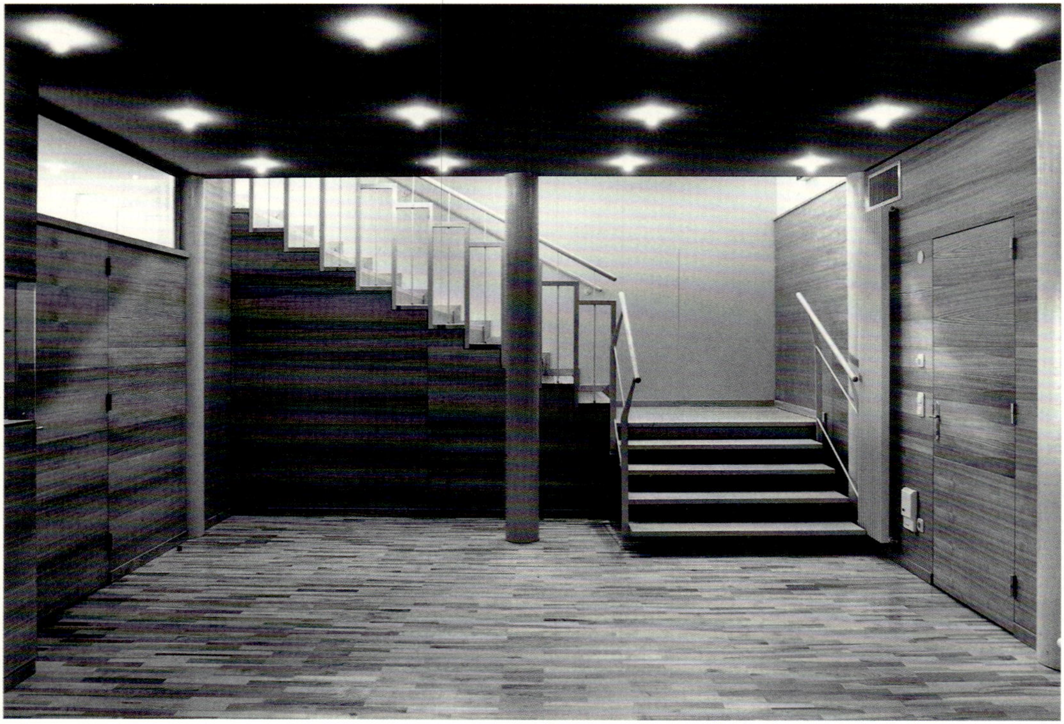

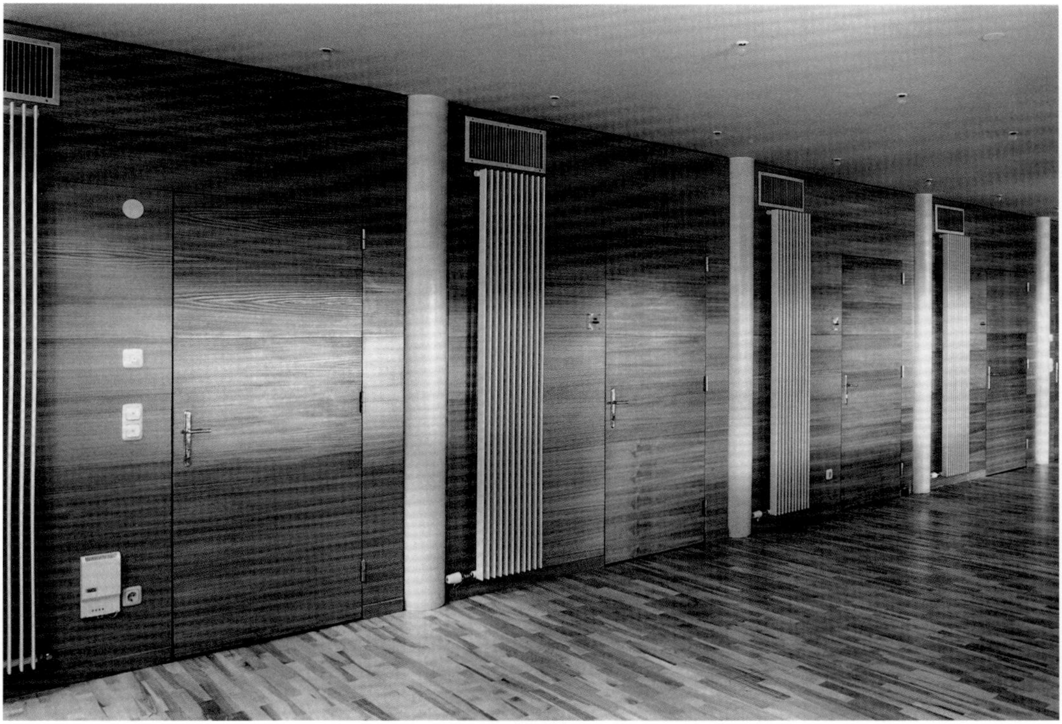

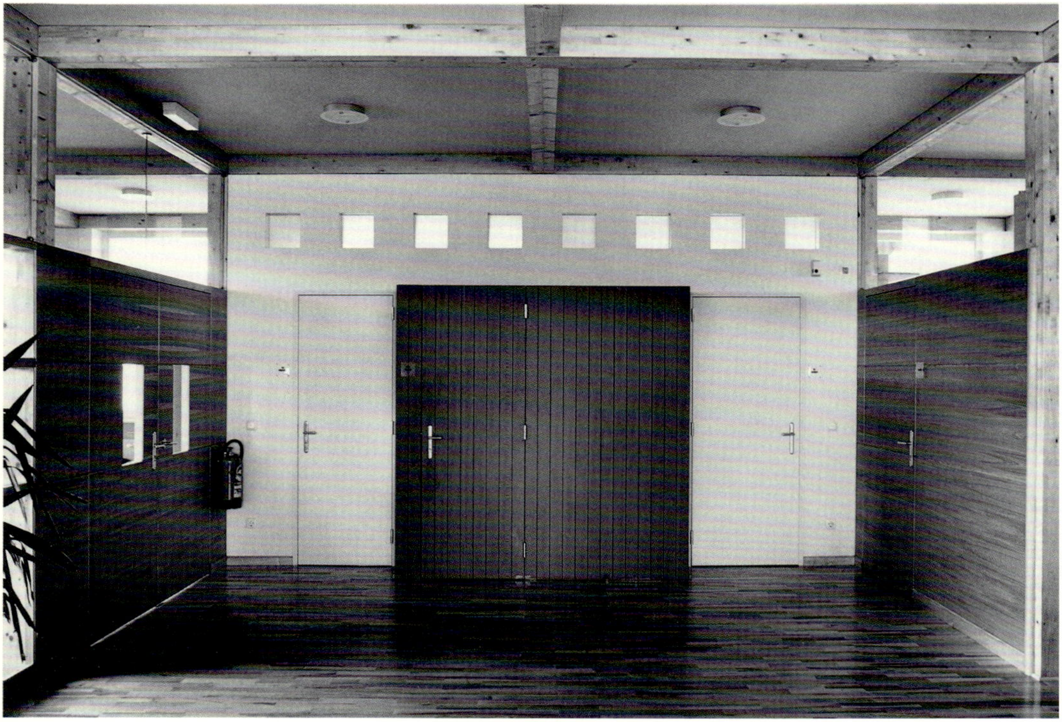

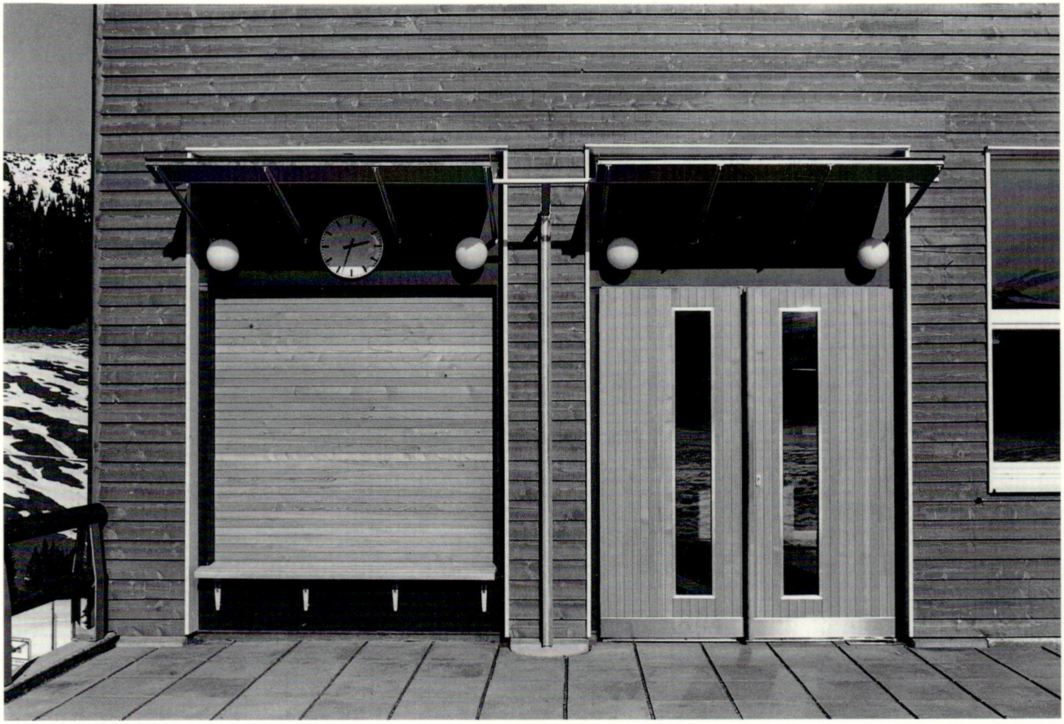

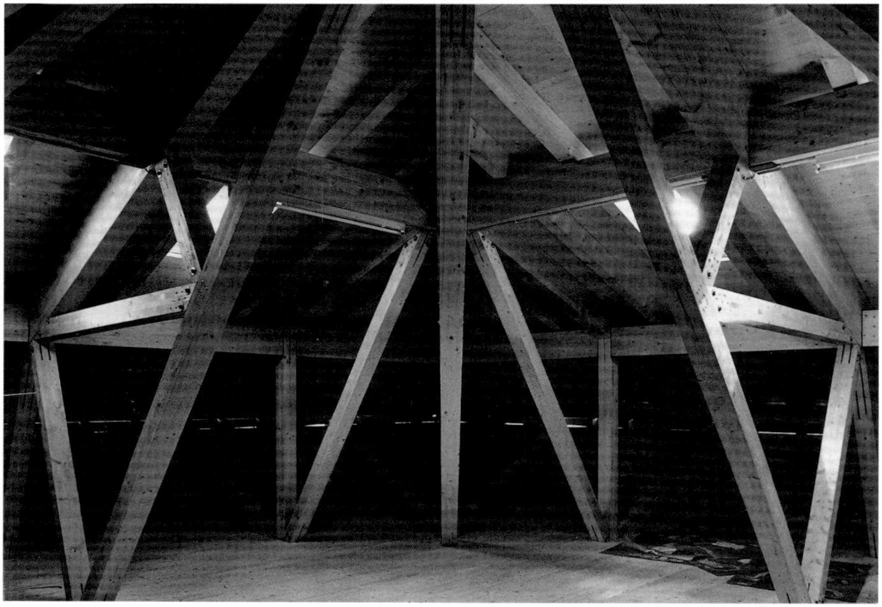

Zu den Abbildungen

26, 27	Blick von Gehren auf Warth in Richtung Lech am Arlberg
28	Nordostansicht, Abend
29	Blick über Warth in Richtung Hochkrumbach
30	Schule und Gemeindeamt, Blick von der Straße nach Steeg
31	Der Platz zwischen Gemeindeamt und Schule
32	Südwestansicht; Blick Richtung Gehren; Südostansicht
33	Terrasse Schuleingang
34	Nordostansicht, Mittag
35	Nordostansicht, Abend
36	Ansicht von Osten
37	Blick von der Straße nach Steeg in Richtung Lechleiten, Biberkopf
38	Nordwestseite
39	Volksschule Stammklasse, Ausblick nach Süden
40	Musikzimmer, Ausblick nach Nordosten
41	Musikzimmer, Ausblick nach Südosten
42	Gruppenraum
43	Flur im obersten Stock, Durchblick zum Gruppenraum
44	Pausenraum Erdgeschoß, Stiege ins Obergeschoß
45	Abgang von der Turnsaalebene zum Foyer
46	Pausenraum Erdgeschoß, Lehrerzimmer, Stiege ins Obergeschoß
47	Pausenraum mit Einblick ins Musikzimmer/Bibliothek
48	Lehrküche, Ausschnitt
49	Turnsaal und Gemeindesaal mit Zuschauergalerien, Stirnwand zur Bühne öffenbar
50	Galerie mit Blick zum Turnsaal und zur internen Stiege
51	Galerie, an der Nordostseite abgehängte Verbindungsbrücke zur Nordwestseite
52	Foyer, Stiege zum Saal
53	Foyer, Zugänge zu den Nebenräumen
54	Pausenraum, Zugang zu den Toiletten
55	Schuleingang, Erdgeschoß
56	Dachraum, durchlüftete Fachwerkskonstruktion, auch als Sonderraum nutzbar
59	Lehrer und Schüler in Ladakh, fotografiert von Heinrich Harrer

Biografien

Roland Gnaiger
1951 geboren in Bregenz, dort und in Bad Goisern (Salzkammergut) aufgewachsen.
1966–71 HTBL für Hochbau in Krems/Donau.
1971 Sommerakademie Salzburg bei Frei Otto.
1971–77 Architekturstudium an der Akademie der bildenden Künste Wien sowie an der Technischen Universität in Eindhoven/Niederlande.
Seit 1979 Architekturbüro in Doren und Bregenz.
1985–92 Zahlreiche architekturkritische Beiträge für den ORF (Landesstudio Vorarlberg).
1991–92 Lehrauftrag für Entwerfen an der Technischen Universität Innsbruck.
Wohnhäuser: Haus »Auf der Fluh« (Bregenz), Haus Grabher (Lustenau), Haus Gmeiner (Kennelbach) u.a.
Siedlungen: Franz Michael Felderhof (Hohenems), Reihenhäuser Moosmahdstraße (Feldkirch), u.a.
Althaussanierungen: Landammannhaus (Großdorf), Villa Heimann Rosenthal, Jüdisches Museum Hohenems.
Freizeitbauten: Spielhaus und Spielplatz Doren.
In Arbeit: Solarsiedlung Lustenau, Landwirtschaftsbetrieb »Vetterhof« (Lustenau).
Auszeichnungen: Josef Frank Stipendium, Österreichischer Wohnbaupreis, Vorarlberger Bauherrenpreis, Großer internationaler Kunstpreis des Landes Vorarlberg (mit der Gruppe der Vorarlberger Baukünstler).

Otto Kapfinger
1949 geboren in St. Pölten (Niederösterreich); Architekturkritiker und Publizist; lebt in Wien.

Margherita Spiluttini
1947 geboren in Schwarzach (Salzburg); seit 1981 freischaffende Fotografin; lebt in Wien.

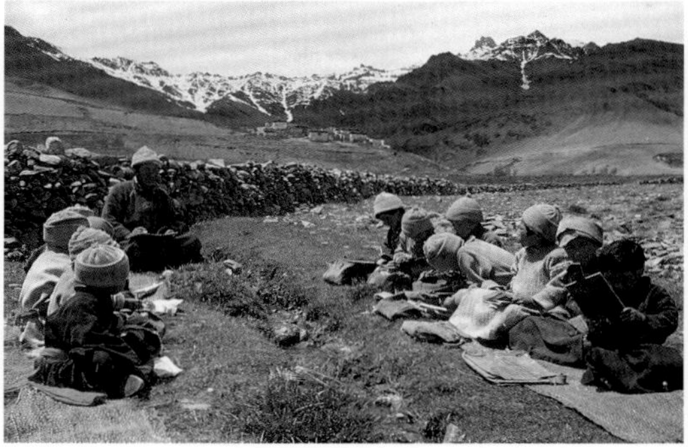

Copyright:
© 1993 beim Kunsthaus Bregenz und den Autoren
Herausgeber:
Kunsthaus Bregenz
archiv kunst architektur
Edelbert Köb
Konzeption:
Edelbert Köb, Otto Kapfinger, Margherita Spiluttini
Gestaltung:
Clemens Schedler
Büro für grafischen Entwurf, Wien
Bildrechte:
Margherita Spiluttini, Roland Gnaiger, Heinrich Harrer-Archiv
Papier:
Kern: Ikonorex special-matt, elfenbeir, 170 g/m²
Umschlag: Freelife Recycling Cotton Vellum, creme, 215 g/m²
Herstellung:
Hämmerle Druck, Quintessence, Hohenems
Auflage:
2.000 Stück im September 1993

Verlag Gerd Hatje, Stuttgart
ISBN 3-7757-0446-9

Mit freundlicher Unterstützung der EA-Generali AG, Landesdirektion Vorarlberg.